L'HOMME QUI S'ÉVADA

DU MÊME AUTEUR
CHEZ LE MÊME ÉDITEUR

Œuvres complètes, 2007, présentées par Pierre Assouline.

Cables & reportages, 2007, présentés par Francis Lacassin.

« ARLÉA-POCHE »

N° 124. *Marseille, porte du Sud*
N° 125. *Au bagne*
N° 126. *Terre d'ébène*
N° 127. *Contre le bourrage de crâne*
N° 128. *Les Forçats de la route*
N° 130. *La Guerre à Shanghai*
N° 134. *Dans la Russie des soviets*

AUTOUR D'ALBERT LONDRES

Régis Debray, *Sur la mort d'Albert Londres*, 2008.

Didier Folléas, *Putain d'Afrique !*, avec des photos d'Albert Londres, 1998.

Albert Londres

L'HOMME
QUI S'ÉVADA

arléa
16, rue de l'Odéon, 75006 Paris
www.arlea.fr

Octobre 2008 – Arléa
EAN 9788695978317
© Juin 1992 – Arléa pour la préface

L'HOMME QUI S'ÉVADA

1928

*Au Brésil,
qui sut, avant la France,
rendre la liberté à un Français.*
                    A. L.

C'est en Guyane française, en 1923, alors qu'il enquêtait sur le bagne, qu'Albert Londres avait connu Eugène Dieudonné, jeune ébéniste parisien condamné comme complice de la bande à Bonnot, notamment pour l'attaque d'un garçon de recette. Clamant son innocence, le condamné des îles du Salut avait impressionné le reporter qui avait multiplié – vainement – les démarches et interventions pour obtenir une révision de son procès. En désespoir de cause, Eugène Dieudonné dont le « cas » était devenu célèbre en France s'était évadé pour la troisième fois. Tentative réussie, celle-ci.

En 1927, sur la suggestion d'Élie-Joseph Bois, rédacteur en chef du Petit Parisien, *Albert Londres entreprend de retrouver l'évadé dont on a perdu la trace. Convaincu que son homme s'est réfugié au Brésil, il lui fait adresser plusieurs messages au nom du journal puis embarque sur un paquebot des Messageries maritimes et arrive à Rio. Eugène Dieudonné est au rendez-vous. Albert Londres lui fait raconter longuement son histoire, celle de ses liens avec la bande à Bonnot et, bien sûr, celle de son évasion. Dieudonné, en fait, est devenu célèbre au Brésil où les autorités l'ont finalement ac-*

cueilli. Mais il rêve de rentrer en France, de voir son innocence reconnue et de retrouver sa famille.

Albert Londres, appuyé par son journal, multiplie les démarches auprès du quai d'Orsay et obtient enfin que l'on restitue son passeport à Dieudonné. En octobre 1927, il le ramène en France à bord du vapeur Plata. *Débarquant à Marseille, ils prennent le train pour Paris où Albert Londres improvisera – au buffet de la gare de Lyon – une conférence de presse. Réépousant sa femme dont il avait divorcé pour la mettre à l'abri du déshonneur, Eugène Dieudonné se reclassera dans la société française comme décorateur-fabricant de meubles dans le faubourg Saint-Antoine. Albert Londres avait raconté ses retrouvailles avec Dieudonné au Brésil dans un livre –* L'Homme qui s'évada *– publié en 1928 aux Éditions de France.*

I
AU DÉBUT DE L'ANNÉE QUI VA FINIR...

Au début de l'année qui va finir, tout homme qui achète un journal put lire une dépêche provenant de Cayenne. Elle annonçait que le forçat Dieudonné, « ancien membre de la bande à Bonnot », avait trouvé la mort en voulant s'évader.

Dieudonné ?

Camille-Eugène-Marie Dieudonné. Il a vingt-six ans, quand éclate l'affaire Bonnot. De son métier, il est ouvrier ébéniste ; d'idées, anarchiste, illégaliste, ainsi que l'on disait à l'époque.

Il a nourri son jeune âge de la littérature des citoyens Alexandre Millerand, Urbain Gohier, Aristide Briand, Gustave Hervé. Il n'ignore pas Gustave Le Bon. Il réciterait sans défaillance les livres de l'éminent M. Félix Le Dantec, professeur à la Sorbonne. Stirner, Nietzsche sont ses maîtres.

C'est assez dire qu'il ne fait pas partie de ces ouvriers de marchands de vins et du Vélodrome d'hiver. Il est un intellectuel !

La journée finie, il court les réunions que lui recommandent les professeurs plus haut cités. L'innocent ! Il ferait mieux d'aller sur le zinc ! Là, il rencontre tous les ennemis de la société. Il en connaît même qui s'appellent : Garnier, Bonnot, Callemin, dit Raymond-la-Science.

Justement, à cette date, Garnier, Bonnot, Callemin montent dans des automobiles. Ils ont un revolver au poing et ils tirent sur des employés de banque, ils « descendent » des agents de police, ils assassinent des chefs adjoints de la Sûreté. Ils en font bien d'autres !

Mauvaises fréquentations pour un ébéniste !

Il eût fallu se saisir des garçons qui, croyant faire les apôtres, ne faisaient que les bandits. La police n'y parvenait pas. Elle se rabattit sur le voisin, non le voisin d'habitation, mais le voisin de doctrine. Ainsi fut arrêté Dieudonné.

C'est là que le drame commence.

La bande à Bonnot avait débuté dans le commerce du crime par l'attaque d'un nommé Caby, garçon de recettes, alors qu'il passait rue Ordener.

Caby ne mourut pas.

Il désigna Garnier comme son agresseur :

« C'est bien lui, s'écria-t-il, je le reconnaîtrais entre cent. »

Mais Garnier fut tué peu après, lors du siège qu'il soutint dans une maison de banlieue.

La police, alors, présenta plusieurs photographies à Caby. Caby les examina.

– Je m'étais trompé la première fois, en accusant Garnier, dit-il. Mon assassin, le voilà !

Et il posa le doigt sur le portrait d'un inspecteur, portrait glissé parmi des têtes d'anarchistes.

La bande à Bonnot, la vraie, continuait l'assaut contre la société. L'opinion, affolée, réclamait des coupables.

Dieudonné était en prison. Pourquoi ne l'essaierait-on pas comme l'agresseur de Caby ?

Un après-midi, Dieudonné, non rasé, sans col, hagard, traverse, entre deux policiers, les couloirs du Palais de Justice. On le conduit chez le juge d'instruction.

Caby est aussi dans ces couloirs. Au passage de Dieudonné, un agent de la Sûreté touche le bras de Caby. « Tenez, lui dit-il, regardez, voilà votre agresseur ! »

L'homme qui cherche son assassin en reste saisi.

Cinq minutes après, confrontation chez le juge.

– Connaissez-vous cet individu, Caby ?

Il le connaît, il vient de le voir. On lui a dit : « C'est celui-là. »

– Oui ! fait Caby. C'est lui.

– Regardez-moi, monsieur, vous vous trompez ! renvoie Dieudonné.

Caby ne consent plus à se tromper ; deux fois suffisent. Il dit : « C'est lui ! »

– *Ta-ra-ta-ta !* répondent les gens qui savent des choses ; si Caby a reconnu Dieudonné, ce n'est pas parce qu'on le lui montra dans le couloir, mais parce que Dieudonné était rue Ordener. Il n'est pas l'assassin. Il y était par humanité, pour empêcher les autres de tirer !

C'est là du roman russe.

Au fait !

C'est Garnier qui attaqua Caby.

Garnier le proclama avant de mourir.

Avant de mourir, également, Bonnot écrivit : « Dieudonné est innocent ; il n'était pas rue Ordener. » Callemin, une fois condamné à mort, s'écria : « Dieudonné est innocent. Il n'était pas rue Ordener. Je le sais, moi, j'y étais. »

Le témoignage d'un homme au moins deux fois abusé l'emporta sur la vérité.

Dieudonné fut condamné à la guillotine.

À cette époque, le président de la République se nommait Raymond Poincaré. M. Poincaré est connu comme un homme faisant consciencieusement son métier. On dira de lui difficilement que son habitude est d'agir au petit bonheur. Il étudia le cas Dieudonné. Son avis fut différent de celui du jugement rendu. Il gracia Dieudonné. M. Poincaré ne gracia pas Dieudonné parce qu'il lui accordait des circonstances atténuantes, il le gracia parce qu'il ne trouvait pas dans le procès la preuve de sa culpabilité. Mais que veut dire, en l'état de nos lois, ce mot de grâce ? Il veut dire que l'homme ainsi gracié ira au bagne jusqu'à la fin de ses jours.

Il y alla...

Onze ans plus tard, j'y allai, à mon tour. C'est ainsi que, me promenant un matin dans les locaux disciplinaires de Saint-Joseph, aux îles du Salut, je fus arrêté par un nom écrit sur la porte d'une des cellules. Ce nom était « Dieudonné ».

– Celui de la bande à Bonnot ?

On me répondit : « Oui. »

Le gardien fit jouer le judas. Une tête s'encadra dans l'ouverture. C'était celle de Camille-Eugène-Marie Dieudonné.

— Je viens voir ce qui se passe par ici, lui dis-je ; désirez-vous me parler ?

— Oui, oui, je voudrais vous dire des choses. Oh ! je n'ai pas à me plaindre, mais des choses en général sur la vie cruelle du bagne.

Sa voix haletante, comme s'il venait de faire une longue course ; cependant, sa cellule n'avait qu'un mètre cinquante de large sur deux mètres de long. Il y était enfermé depuis huit mois.

Cette tête dans ce judas ajoutait encore au cauchemar de l'endroit. Je demandai que l'on ouvrît la porte.

On le fit.

Dieudonné se redressa. Il avait de grands yeux avec de la fièvre au fond, pas beaucoup de chair sur la figure ; aussi ses pommettes pointaient-elles. Il se tenait au garde-à-vous, mais sans force physique.

— La vie au bagne, dit-il, est épouvantable. Ce sont les règlements qui nous accablent. Ils trahissent certainement dans leur application l'idée des hommes qui les ont faits. C'est comme un objet qui tombe de haut et qui arrive à terre, son poids multiplié. Aucun ne peut se relever ; nous sommes tous écrasés.

Un rayon de lumière glissait dans ce tombeau. Au point où ce rayon touchait la dalle, il y avait quelques livres.

— Pourquoi êtes-vous en cellule ?

— J'y suis régulièrement. Je paye ma dernière évasion. J'aurais même dû avoir cinq ans de cachot, puisque c'était ma « seconde ». Le tribunal maritime ne m'en a infligé que deux.

— Parce que vous êtes bon sujet, dit le garde.

– Oui, fit-il d'une voix toute simple, je dois dire que l'on me châtie sans méchanceté.

Le commandant des îles nous rejoignit.

– Ah! vous avez trouvé Dieudonné? Bonjour, Dieudonné!

– Bonjour, commandant!

– Tenez – et il posa sa main sur l'épaule du forçat –, voilà un garçon intéressant.

– Alors, pourquoi le mettez-vous là dedans?

– C'est un ouvrier modèle. Dieudonné est un exemple. Il a su se préserver de toutes les tares du bagne. Quand il a fini de travailler avec ses mains, il étudie dans les livres: la mécanique, la philosophie. Que lisez-vous maintenant?

Dieudonné ramassa des *Mercure de France* et les présenta.

– Vous voyez assez clair?

– Merci, commandant.

– Je ne devrais pas vous demander cela. Votre cachot n'est pas réglementaire. Dites-moi au moins que vous n'y voyez rien, pour le repos de ma conscience!

Ils sourient.

Un sourire est une fleur rare aux îles du Salut!

– Il s'est évadé de Royale, reprit le commandant, c'est là l'un des plus beaux exploits du bagne. Quatre-vingt-quinze chances de laisser ses membres aux requins. Comment vous a-t-on repris sur la grande terre?

– Épuisé, commandant.

– Il a même repêché un gardien, une fois! N'est-ce pas?

Dieudonné esquissa un geste du bras.

— Voyons, dis-je au commandant, le cas Dieudonné est troublant. Beaucoup de gens croient à son innocence.

— Du fond de ma conscience, je suis innocent, fit Dieudonné.

Là-dessus, on referma l'enterré vivant dans son tombeau.

Ces dernières années, les hommes heureux voulurent bien reporter leur pensée vers la terre d'expiation. Le bagne nourrit un temps les conversations et les chroniques. Des avocats, des journalistes réveillèrent l'affaire Dieudonné. Des consciences furent alertées. Quelques hommes consentirent à se rappeler que Dieudonné n'avait été condamné que sur un témoignage incertain.

L'enquête fut reprise, les dossiers rouverts. Puis, un matin de 1926, Me de Moro-Giafferri et quelques autres pénétraient au ministère de la Justice.

Ils allaient demander la grâce de Dieudonné.

Les chefs du bagne la réclamaient avec eux.

Le gouverneur de la Guyane également.

La grâce fut refusée.

Deux mois après cela, je recevais une lettre de Cayenne. Elle n'était pas d'un forçat, mais d'un colon. La voici :

« Cher Monsieur,

Vous devez savoir que, malgré l'avis de tous, ici, la grâce vient d'être refusée à Dieudonné. Depuis deux ans, il ne vivait que de cet espoir. C'est bien triste de berner les pauvres gens. Je le crois innocent.

En tout cas, il a proprement payé. Ne pourriez-vous agir de nouveau ? Il serait moral de récompenser ceux qui, dans ce monde affreux du bagne, ont su rester des travailleurs et des êtres propres... S'il s'évade, ce n'est pas nous, de Cayenne, qui lui souhaiterons malheur, etc. »

Pour la troisième fois, Dieudonné s'évada.

C'était au mois de juillet. Des dépêches annonçaient que Dieudonné n'était pas mort, qu'on l'avait découvert dans l'État de Para, que le Brésil l'avait mis en prison, puis relâché ; un taxi me déposait, 18, rue d'Enghien, au *Petit Parisien*. Je venais voir M. Élie-Joseph Bois, grand maître des vents et marées de l'opinion publique.

— Et Dieudonné ? me demanda-t-il sans me laisser le temps de m'asseoir. C'est une histoire, celle-là. Vous le connaissez, il faudrait retrouver l'homme.
— Mais il est au Brésil.
— Et après ?

C'était bien évident. Le Brésil n'était pas aussi loin que la lune ; on rédigea des câbles, on réveilla des consuls au-delà des mers, on fit ce qu'il fallait faire. Je partis pour le Brésil.

Là, se placent vingt jours d'océan.
Le vingt et unième, à sept heures du matin, l'*Hœdic*, paquebot des Chargeurs réunis, entrait, sans triomphe spécial, dans la baie de Rio de Janeiro.
Puis il allait à quai.
À cet instant de la journée, les personnes raisonnables ne se promènent pas le long des ports ; elles

sont dans leur lit. On comptait cependant une quinzaine d'individus observant la manœuvre du bateau.

Voyons, me dis-je, comment était-il mon homme, la dernière fois que je le vis ?

Je me rappelai son crâne et sa face rasés ; et la scène de nos adieux vint à ma mémoire. Il avait le corps dans sa cellule, la tête dans le guichet, qui semblait vouloir le guillotiner, et, de ses yeux mangés de fièvre, il me regardait partir. C'était, voilà quatre ans, au bagne.

Si les Brésiliens ne l'ont pas remis en prison et que nos câbles l'aient touché, il doit être par ici.

J'en étais là de mes pensées, quand Hippolyte, garçon du bord, me prévint qu'un monsieur me demandait.

– Il est à terre, au bout du bateau, près de l'hélice, ajouta-t-il.

Je me portai sur l'arrière.

– Bonjour ! me cria-t-on. Eh ! bien le bonjour !

C'était un homme pas très grand, coiffé d'un canotier et vêtu d'un complet bleu marine. Il avait des moustaches en brosse et des souliers tout neufs du matin même. Je crus voir en même temps qu'il n'était pas follement gras.

– Eh ! bien le bonjour ! répéta-t-il.

Comme je me penchais sur la rambarde :

– Je ne vous reconnais pas exactement, mais je comprends que c'est vous fit-il.

– Moi, je ne vous reconnais pas du tout.

– Pardi, j'ai changé de tenue !

– Alors, c'est vous ?

Et, d'une voix sourde, il prononça : « Dieudonné. »

L'homme était retrouvé.

II
QUE FAISIEZ-VOUS DANS LA BANDE
À BONNOT ?

Nous étions installés tous deux sur l'une des collines du grand port, à Santa Théréza, parce que, dans Rio, il faisait chaud déjà.

Cet endroit s'appelait l'hôtel Moderno. Là, descendent les Français. On y voyait des officiers de la mission militaire, des professeurs de Sorbonne en tournée de conférences, des ingénieurs de Polytechnique, Mme Vera Sergine et sa troupe, M. le consul de France, les aviateurs de la future ligne Paris-Buenos-Aires en sept jours.

Le bagne venait d'y entrer.

Nous avions beau, l'évadé et moi, changer le sujet de notre conversation toujours le sujet était le plus fort. Nous en revenions à l'évasion.

– Alors, ce fut « assez réussi » ? lui demandai-je.

Il secoua la tête et, dans le silence de cette réponse, il y avait le prolongement sonore d'une inoubliable misère.

– Il ne vous restait que deux ans et neuf mois...

Il me coupa la parole :

– ... Et vingt-trois jours !

– ... de bagne à faire. C'était moins que la mort que vous alliez chercher à cinquante pour cent de chances dans l'évasion.

– Je n'en pouvais plus.

Il prit son masque amer, il réfléchit et :

– Ma foi ! non, ce n'était plus possible. Voyez-vous, j'aurais pu vous en dire des choses, voilà quatre ans, quand je vous ai vu là-bas ! Ah ! là ! là ! là !

– Dites donc, avant de raconter l'histoire.
– L'histoire de mon évasion ? Personne ne la croira.
– Avant ça, je voudrais vous demander quelque chose. Que faisiez-vous, enfin, dans la bande à Bonnot ?

Là, je dois vous présenter Dieudonné. Il n'est pas très grand. Comme il a été engraissé au bagne, il est un peu maigre. Brun. Sa tête est carrée et ses yeux, qui sont noirs, prennent par moments une fixité inébranlable.
Ce sont ces yeux-là que, sous le coup de ma question, il tourna brusquement vers moi, mais, de même que pendant la guerre on *sucrait* son café avec de la saccharine, il adoucit son regard d'une profonde amertume.
– Vous aussi ? Vous qui connaissez mon affaire, vous me posez cette question ?
Il balançait la tête à coups francs, comme pour dire : « Je ne l'aurais pas cru, je ne l'aurais pas cru... »
– Vous me posez cette question, vieille de quinze ans ? L'éternelle demande qui me fait bondir ?
» Imaginez-vous un Caïn qui n'aurait pas tué Abel et qui, toute sa vie, entendrait derrière lui : « Qu'as-tu fait de ton frère ? »
» Il se défendra, il se démènera, il s'expliquera. On l'écoutera un moment d'une oreille sceptique, puis l'on s'en ira, alors qu'il continuera de se défendre dans le vide, tout seul.
» Et l'homme qui lui jette un regard de mépris ? Et les timides qui détournent la tête ? Et ceux qui, dès qu'ils vous aperçoivent, passent sur le trottoir

opposé ? Et tous les autres qui vous croisent sans vous voir ?

» Et les meilleurs ? Les meilleurs qui restent indécis. Oh ! cette prudence des meilleurs ! Cette hésitation ! Cette main qui se tend mollement et comme dans l'ombre ! Ce regard qu'ils promènent autour d'eux, comme si ce regard avait la puissance de vous faire disparaître, cette peur qu'on ne les voie avec le bagnard !

» Quinze ans que cela dure, monsieur !

– Ce que je faisais dans la bande à Bonnot ? Laissez-moi me rappeler...

Il passa sa main, lentement, sur son front.

– Je n'ai connu la « bande à Bonnot » que par les rumeurs, alors que j'étais déjà incarcéré à la Santé. Ceux que j'ai connus, moi, s'appelaient Callemin, Garnier, Bonnot, mais ils n'étaient pas en bande quand je les voyais. Des centaines les connaissaient comme moi ; c'étaient, à cette époque, de simples mortels qui fréquentaient les milieux anarchistes où l'on me trouvait parfois. Il étaient comme tous les autres. On ne pouvait rien lire sur leur front...

– Et que faisiez-vous dans les milieux anarchistes ?

– Nous reconstruisions la société, pardi ! Je l'ai dit et écrit : il y a quinze ans, je croyais à l'anarchie, c'était ma religion. Entre anarchistes, on s'entraidait. L'un était-il traqué ? Il avait droit à l'asile de notre maison, à l'argent de notre bourse.

– Alors, vous avez caché Bonnot ?

– Moi ? j'ai caché Bonnot ?

– Je vous demande.

– Mais non ! Je veux dire qu'en serrant la main à Callemin, à Garnier ou à Bonnot, je ne savais pas plus que vous ce qu'ils feraient ou ce qu'ils avaient fait déjà. On n'exige ni papiers ni confidences de quelqu'un à qui l'on tend une chaise ou un morceau de pain. Voilà mon crime. Il m'a conduit devant la guillotine.

Dieudonné baissa la voix ; nous étions sur une terrasse de l'hôtel, et des gens qui sortaient de table passaient derrière nous.

– Alors, vous vous rendez compte de ce que je ressentis quand je fus accusé de l'assassinat de la rue Ordener. Je me rappelle nettement cette seconde-là. Tout ce que j'avais en moi s'effondra, tout ! Il me sembla que, seule, mon enveloppe de peau restait debout.

» Le premier choc passé, je nourris un peu d'espoir. Je me disais : Caby a reconnu Garnier pour son assassin, ensuite il en a désigné un second. Moi, je suis le troisième, dans quelques jours il en reconnaîtra un quatrième ; alors, le juge comprendra que cet homme n'est pas solidement équilibré.

» Bref, les déclarations de Garnier, de Bonnot m'innocentant, à l'heure de leur mort, celles de Callemin après le verdict, mes protestations angoissées, mes témoins, la défense passionnée de Moro-Giafferri, toute ma vie honnête, le cri de Me Michon : « Mais, messieurs les jurés, la concierge même est pour lui ! » rien n'y fit :

» – Dieudonné aura la tête tranchée sur une place publique.

» J'ai encore les mots dans l'oreille. Tenez : je l'avoue, je n'ai pas le courage de la guillotine. Être décapité comme une bête de boucherie, mourir par sentence pour un crime que l'on n'a pas commis. Léguer à son fils le nom d'un misérable.

» Ah ! laissez-moi respirer...

– Et que pensez-vous de Caby ?
– Je pense qu'un homme doit avoir une haute conscience ou une belle intelligence pour oser déclarer : « Je me suis trompé. »
– Il l'a déclaré, puisqu'il s'est démenti lui-même deux fois.
– Justement ! Il faut savoir s'arrêter ! Mais qu'il vive en paix, je ne veux plus penser à lui.

Dieudonné reprend :
– J'ai connu des heures effrayantes dans ma cellule de condamné à mort. Moro-Giafferri me réconfortait. Sans lui, je me serais suicidé. Ce n'est pas la mort qui me faisait peur, c'est le genre de mort.

» Le 21 avril 1913, à quatre heures du matin, on ouvrit cette cellule. On ouvrait en même temps celles de Callemin, de Monnier et de Soudy. À moi, *in extremis*, on annonça la grâce. J'entendais les autres qui se hâtaient pour aller à la mort. J'avais vécu si longtemps en pensant à cette minute que, sur le mur de mon cachot, j'aperçus comme sur un écran, leurs têtes qui tombaient.

» Les gardiens revinrent de l'exécution. Quelques-uns pleuraient. Dehors, il pleuvait. J'entrevis le bagne. Une faiblesse me prit. Un inspecteur me soutint. J'étais forçat pour la vie.

» Voilà ce que j'ai fait dans la bande à Bonnot. J'ai été condamné à mort pour un crime commis par Garnier. C'est toujours un immense malheur d'être condamné sans motif ; c'en est un plus grand de l'avoir été dans le procès dit des « bandits tragiques ». Depuis quinze ans, je l'expérimente. Vous pourrez l'écrire autant que vous le voudrez, le doute demeurera toujours dans les esprits. Les quarante-trois ans de ma vie honnête et souffrante n'effaceront pas la honte de la fausse condamnation. Les regards timides me fuiront toujours, les portes se fermeront.

» Demain, un autre homme que vous me demandera : « Que faisiez-vous dans la bande à Bonnot ? »

» Qu'il aille au diable !

Un aviateur sortant de table vint me rejoindre sur la terrasse. Je lui présentai Dieudonné. On parla de l'histoire, bien entendu. Un moment plus tard, l'aviateur se pencha vers l'évadé :

— Enfin, lui demanda-t-il, que faisiez-vous dans la bande à Bonnot ?

III
LA « BELLE »

Le lendemain, Dieudonné entrait dans ma chambre.

— Maintenant, à nous deux, lui dis-je, vous allez me conter votre évasion. Un beau matin, donc, vous décidez de fuir le bagne.

— Un beau matin ? Vous croyez ça ? J'ai toujours voulu m'évader.

Il s'assit sur mon lit et commença :

— Il faut être un individu pourri pour consentir

à vivre au bagne, quand on est innocent. Seulement, ce n'était pas commode. Savez-vous ce qu'est le bagne pour les « têtes de turc » comme moi ? Le pays de la perpétuelle délation.

» Qu'un forçat ordinaire lève le camp, cela compte dans le nombre ; on n'avertit pas Paris, les chefs ne sont pas blâmés.

» Pour des hommes de ma sorte, il en est autrement. Les administrateurs préviennent le coup. Ils lancent sur le malheureux tous les chiens galeux de la Guyane : les mouchards !

» Mouchard, votre voisin de case à qui vous donnez du tabac ; mouchard, le balayeur privilégié qui flâne dans l'île. Le perruquier, le garçon de famille, le planton, l'infirmier, mouchards ! Il faut bien qu'ils gardent leur emploi ! Mouchards, les plus misérables, attachés aux corvées dégoûtantes ; ceux-là espèrent, par leur bassesse, mériter une meilleure place. Mouchards honteux, mouchards cyniques, mouchards doubles, dénonçant le forçat au gardien, le gardien au forçat. Mouchards patentés, reconnus, galonnés : les porte-clefs.

» Vous n'avez pas idée, vous, les hommes libres, de ce qui se passe dans le trou du bagne. L'homme est lâche devant la faim. Pour un supplément de pain, un fruit, une place de blanchisseur, il vend son camarade. N'a-t-il rien à dire ? Il invente. Comme il s'attaque de préférence aux hommes dont le procès fut retentissant, l'administration le croit – par peur des blâmes ministériels.

» Malgré tout, je ne cessais de penser à la Belle.
– Quelle Belle ?
– La liberté, pardi ! C'est ainsi qu'on la nomme

là-bas. Vous supposiez autre chose ? Une femme ? Mais non ! Il n'est qu'une Belle pour nous. À part les vieux (et pas tous encore) et quelques centaines de dégoûtants qui trouvent leur vie dans cette grande auge, tout le monde l'invoque. Le cœur de sept mille hommes bat pour elle. On lui fait des poésies :

> *Tes amants t'appellent*
> *La Belle*
> *Tout net, tout court.*
> *Le boiteux, l'aveugle, le sourd*
> *En pensant à toi, mon amour,*
> *Ont des ailes !*

» C'est même rigolo de voir ça ! Sept mille hommes vivant ensemble et n'ayant qu'une idée fixe en tête, une seule ! Ah ! vous ne saviez pas ce qu'était la Belle ?

— Tout avait changé de face, cependant, pour vous, les derniers temps. Vous pouviez compter sur votre grâce.

— Évidemment, « j'allais » mieux. Je n'étais plus en cellule, à cause de la « Belle » comme le jour où je fis votre connaissance. Le gouverneur Chanel m'avait ramené sur la grande terre, à Cayenne.

» Si ce gouverneur était resté en Guyane je ne me serais pas évadé, je lui avais donné ma parole. Il est parti... « Courage, Dieudonné ! À bientôt, à Paris ! » me cria-t-il du bateau qui l'emmenait.

» Il pensait obtenir ma grâce.

» Le temps passa. Le gouverneur ne revint pas... Un jour, c'était en décembre ; je travaillais à la maison Chiris, sur le quai, vous savez, après les baraquements de la douane. Le surveillant Bonami, un Corse, un assez bon garçon, vint me chercher. « Faut que je vous conduise à la Délégation, on a quelque chose à vous apprendre. C'est même bon, je crois. »

» Je suivis le chef.

» Nous arrivâmes. « Vous avez cinq ans de grâce, me dit le commandant Jean Romains, vous êtes libérable le 30 juillet 1929. Signez. »

» Mon cœur se refroidit. Je comptais sur la grâce totale. Elle m'avait été promise. J'avais acheté des malles. Elles étaient remplies de souvenirs : coffrets, tapis d'aloès, cannes en bois d'amourette, écaille travaillée par Belon, de Marseille. Encore un innocent !

— Il vient d'être gracié.

— Cela n'empêche qu'il était innocent et qu'il fallut huit années de réflexion ! J'avais aussi des statues sculptées par Je-Sais-Tout, de Lyon ; des babouches en balata, faites par Bibi la Grillade ; des fleurs en plumes d'oiseaux, montées par les orphelines de Cayenne. Mes cadeaux, quoi ! pour mes bienfaiteurs. Rentré dans ma soupente et comme si ces malles, subitement, me rappelaient tout, je m'effondrai.

» Je me souviens que je fis, sur le plancher, la soustraction du temps que je devais encore rester au bagne. Elle donna deux ans, neuf mois et vingt-deux jours. Mon calcul est toujours sur les lattes sans doute !

» Quinze ans de bagne pour un crime que je n'avais pas commis ! Après cela, encore deux ans, neuf mois et vingt-deux jours ! C'était trop. Je me relevai et je dis : Vive la Belle !

» Mon évasion était décidée.

— L'évasion, c'est le risque. Là-bas, les derniers temps, vous étiez privilégié.

— Privilégié, parmi les forçats, beau privilège ! Évidemment, je n'étais pas mal depuis quinze mois. J'avais un laissez-passer, je couchais en ville. La police, me rencontrant après l'heure fixée, faisait semblant de ne pas me voir. Je gagnais mon pain parce que j'étais de ces exceptions qui peuvent travailler en Guyane : mécaniciens, ébénistes. Seulement, vous le savez bien, ce n'est pas une vie de vivre à Cayenne pour celui qui a porté le petit chapeau. On a toujours la marque là – et il frappa son front –, vous ne la voyez pas, vous, mais, là-bas, les négriots eux-mêmes nous appellent « popotes ». Il faut rester entre condamnés ou vivre seul, tout seul en réprouvé, ainsi que fait Ullmo. Naturellement, celui qui accepte sa peine, parce qu'il est coupable, pourrait peut-être s'organiser une demi-existence. Ce n'était pas mon cas. Je n'avais rien fait pour aller en Guyane. Vivre de la tolérance des uns et de la pitié des autres, dites-moi donc l'homme de cœur qui s'en accommoderait ? J'ai préféré la liberté à l'assiette de soupe, les savanes du Brésil à ma niche de Cayenne. Je suis descendu de ma soupente. Tenez, je me rappelle fort bien tout ce qui se passa ce jour-là.

Devant le large

— Il était trois heures de l'après-midi. Le soleil s'abattait sur les pauvres hommes de là-bas, comme la massue sur la tête du bœuf. J'allai me planter devant le port. Il était vaseux, comme toujours. Des forçats déchargeaient un chaland. Des douaniers se traînaient aussi lentement que des chenilles. D'autres transportés, torse nu, tatoués, cherchaient quelque besogne qui leur permettrait d'ajouter un hareng à la pitance administrative. Une machine à découper le bois de rose faisait un bruit étourdissant, j'entendais Bibi la Grillade crier à un surveillant « Oui, j'ai volé votre poule, mais, comme vous nous voliez sur nos rations le riz dont vous l'engraissiez, je considère la poule comme la mienne. »

» Je le vis partir avec son ami Biribi, chez Quimaraès, *bar cosmopolite*. Je les regardais de la rue. Ils pinçaient la bonne noire qui les giflait en riant, des Guyanais allaient, portant le couac et le tafia pour le repas du soir. Des surveillants militaires promenaient un revolver sur leur panse.

» Je regardais la mer.

» À ce moment, le commandant Michel...

– Le gouverneur des îles ?

– Il a quitté la Pénitentiaire. Il était écœuré. Il est civil maintenant... passa près de moi.

» – Eh bien ! Dieudonné, vous regardez la mer ?

» – Oui, commandant.

» – Ne faites pas de bêtises, ça vaudra mieux pour vous.

» Il continua son chemin.

» Je regardais toujours la mer, et, derrière le phare de l'Enfant-Perdu, je voyais déjà s'élever la Belle.

IV
CHEZ LE CHINOIS

— Comme c'est curieux, fit Dieudonné de revivre tout ça, maintenant !

Nous étions toujours dans ma chambre, à Rio de Janeiro. Porte et fenêtre étaient ouvertes pour établir le courant d'air.

— Vous permettez que je ferme, dit-il. Nous aurons chaud, mais je pourrai parler plus à mon aise.

Il revint s'asseoir en face de moi...

— Le lendemain à la nuit, si vous aviez été toujours à Cayenne, vous auriez pu voir un forçat se diriger du côté du canal Laussat... C'était moi.

» Cet endroit n'a pas changé. Il est encore le repaire de la capitale du crime. Je n'y allais jamais.

» Peut-être la police aurait-elle compris si elle m'avait vu là.

» Je regardai. Personne ne me suivait. Je traversai le pont en bois pourri. J'étais dans l'antre.

» Je me rendais chez un Chinois. On me l'avait signalé comme un bon intermédiaire. Sa cahute était un bouge. On y jouait, on y fumait, on y aimait. Moi je venais pour m'évader.

» Je pousse la porte. Aussitôt, un chien jappe, les quinquets à huile s'éteignent, des ombres disparaissent. Une jeune Chinoise, ma foi assez jolie, s'avance vers moi. Je dis le mot de passe. La fille appelle le patron. Les quinquets se rallument, les ombres reviennent, le jeu reprend. Et une espèce de drôle de petit magot apparaît : c'était mon homme.

» — Je viens pour la Belle, lui dis-je.

» Il m'entraîne dans une chambre qui servait à

tout. Il y avait un fourneau, une volière, un étau, un lit pour l'amour. La Chinoise nous avait suivis. Il ferme la porte soigneusement. Étonné, je regarde la femme, me demandant ce qu'elle vient faire entre nous deux. Le Chinois comprend, sourit et pose un doigt sur ses lèvres pour me faire savoir que la fille est discrète. Elle sort et rapporte le thé. Est-il au datura ?

– Qu'est-ce que le datura ?

– Vous savez bien, la plante dont on se sert en Guyane pour les vengeances, le mauvais café, quoi ! Alors, je retourne mes poches et je dis tout de suite : « Inutile, je n'ai pas d'argent sur moi. » Le magot sourit, la joie petite guenon aussi, et, tous les deux, ils me disent : « Datura, pas pour toi. »

» Le thé est bon. Au reflet du quinquet, la Chinoise apparaît coquine. Elle me lance des regards de femelle. Il s'agit bien de cela !

» – Combien, patron, pour aller jusqu'à l'Oyapok ?

» – Trois mille, plus deux cents pour les vivres, plus cent francs pour moi. Six passagers au maximum.

» – Le pêcheur est-il sûr ?

» – J'en réponds.

» – Un Blanc ?

» – Un Noir. Son nom est Acoupa. Si tu acceptes, il sera ici, demain à la même heure.

» – À demain !

» La Chinoise veut me retenir. Ma pensée est ailleurs. Je sors. Le sentier où je tombe est vaseux. J'avance en écrasant des crapauds-buffles.

Mes compagnons d'évasion

— Vous vous souvenez que mon ami Marcheras vous a dit, à l'île Royale : « L'évasion est une science. » C'est vrai. Mais c'est une science où le hasard et l'inconnu commandent.

» Le plus grand des hasards est de réunir les compagnons de la tragique aventure. Au bagne, on ne choisit pas ses amis, on les subit. Impossible de s'évader avec des hommes de son choix. Êtes-vous à Cayenne ? Vos camarades sont aux îles, sur le Maroni. Il faut se contenter de ce que l'on trouve, éliminer les gredins, chercher ceux qui ont de l'argent, prendre les marins qui connaissent le chemin du Brésil ou du Venezuela, se méfier des mouchards. Ce ne sont pas les gardiens qui gardent les forçats au bagne, ce sont les forçats qui se gardent mutuellement !

» Le jour suivant, je constituai ma troupe.

» À midi, nous étions six pour la Belle.

» Le premier, on l'appelait Menœil, une « mouche-sans-raison » lui ayant fait perdre un œil. Cinquante-six ans d'âge et vingt-neuf de bagne. Condamné à dix ans, mais dix-neuf de plus au livret pour évasions. C'était un paysan, un laborieux, attaché à sa famille ! Solide encore. Il avait sept cents francs.

» Le deuxième était Deverrer : vingt-cinq ans d'âge. À perpétuité. Cinq ans accomplis. C'était Menœil qui l'emmenait. Je ne savais rien de plus sur lui. Cinq cents francs.

» Le troisième était Venet : vingt-huit ans. Perpétuité. Sept ans de bagne. Pauvre Venet ! quel que soit son crime, il l'a expié ! Je le revois encore. C'est une vision épouvantable, mais ce n'est pas l'heure encore de vous raconter la chose. Intelligent, poli, bien élevé, instruit, parlant l'allemand. Comptable à l'hôpital. Protégé par le clergé. Manquait d'endurance physique. Onze cents francs.

» Le quatrième était Brinot : trente-cinq ans. Perpétuité. Six ans de bagne. Préparateur à la pharmacie. Boucher de profession, pouvant à la rigueur faire six parts égales dans un singe. Bon camarade. Neuf cents francs.

» Jean-Marie était le cinquième : vingt-six ans. Perpétuité. Huit ans de peine. Il devait sa condamnation à une tragédie bretonne. Sa fiancée s'empoisonne. On l'accuse du crime. Il n'y est pour rien. On l'arrête. En prison, son gardien le martyrise. Dix fois par jour, il le frappe de ses clefs, en lui répétant : « Tu l'as empoisonnée, ta fiancée, hein ? » Jean-Marie est le plus fort. Au bout de vingt jours, la colère le pousse. Il tue le gardien. Avant de mourir, le gardien lui demande pardon. Quel drame ! Aux îles, j'avais connu Jean-Marie. Je lui avais appris le métier d'ébéniste. Un forçat qui apprend volontairement un métier est un homme qui n'est pas pourri. Travailleur. Bonnes mœurs. Ne buvait pas. Ne se serait jamais évadé sans moi. Ah ! le malheureux aussi ! Neuf cents francs.

» Voilà les passagers de mon « navire ».

Dieudonné s'arrêta un moment, fouilla dans ses poches, et :

– Vous m'avez encore volé mes allumettes ?

C'était vrai. Je les lui rendis. Il alluma une « Jockey-Club » et dit : « Continuons. »

– Le soir, à la nuit, je retournai canal Laussat. Je frôlai Ullmo qui, sortant de son travail, rentrait chez lui, les yeux comme toujours fixés à terre. Quelle expiation ! Si ses anciens camarades de la marine pouvaient le voir !

» Et me voici devant le bouge du Chinois. Je fonce dans la porte comme si j'étais poursuivi. Cette fois, les joueurs n'eurent pas le temps de disparaître, mais ils empoignèrent l'argent qui était sur la table, et l'un qui n'avait pas de poche – il était nu –, mit la monnaie dans la bouche.

» Le Chinois me conduisit dans la pièce à tout faire. Un Noir, assis sur le lit, fumait la pipe. C'était le sauveur.

» – Eh bien ! me dit-il, la pêche va mal. J'ai une femme et deux enfants ; alors, pour remonter mes affaires, je vais entreprendre les évasions.

» Il ajouta :

» – C'est moi Acoupa.

» – Comment est-elle votre *pirôgue* ?

» Jamais je n'ai entendu prononcer ce mot de pirogue comme par Dieudonné. Il roule l'*o* et y superpose les accents circonflexes. On dirait, quand il pense à l'embarcation, que la longue houle et le son rauque des mers de Guyane lui sont restés dans la gorge.

» – Elle est sûre, répond Acoupa.

» Le Noir avait quarante ans. Il était solide. Il pêchait depuis dix ans sur la côte. À première vue, il ne paraissait pas être une fripouille. Trois mille, plus deux cents, plus cent, lui dis-je. Il répondit : « Pas plus ! » On se toucha la main. C'était conclu.

» Je sortis avec lui.

» – Quel jour ? me demanda-t-il.

» – Après-demain, le 6.

» – Le rendez-vous ?

» – Cinq heures du soir, à la pointe de la Crique Fouillée.

» – Entendu !

V
DÉPART

– Un par un, chacun de son côté, moi en pékin, mes scies sur l'épaule, les cinq autres en forçats, numéro sur le cœur, nous voilà le 6 décembre – tenez, cela, pour moi, c'est une date – quittant Cayenne, le cœur battant.

» Et l'œil perçant.

» Je n'ai pas vu, à ce moment, mes compagnons, mais je me suis vu. Ils ont dû partir dans la rue, comme ça, sans un autre air que leur air de tous les jours. S'ils apercevaient un surveillant, ils faisaient demi-tour et marchaient, en bons transportés, du côté du camp.

» Je croisais des forçats ; ils me semblaient subitement plus malheureux que jamais. J'avais pour eux la pitié d'un homme bien portant pour les malades qu'il laisse à l'hôpital. L'un que je connaissais me demanda : « Ça va ? » Sans m'arrêter, je lui répondis : « Faut bien ! » Je rencontrai aussi Me Darnal, l'avocat. « Eh bien ! Dieudonné, quand venez-vous travailler chez moi ? » J'avais une rude envie de lui répondre : « Vous voulez rire, aujourd'hui, monsieur Darnal ! » Je lui dis : « Bientôt ! » Je tombai également sur un surveillant-chef, un Corse. On n'échangea pas de propos. Je me retournai tout de même pour le voir s'éloigner. Je ne tenais pas à conserver dans l'œil la silhouette de l'administration pénitentiaire ; c'était, au contraire, dans l'espoir de contempler la chose pour la dernière fois. Je me retins pour ne pas lui crier : « Adieu ! »

Le premier danger

— J'atteignis le bout de Cayenne. La brousse était devant moi. Un dernier regard à l'horizon. Je disparus dans la végétation.

» Il s'agissait, maintenant, d'éviter les chasseurs d'hommes. En France, il y a du lièvre, du faisan, du chevreuil. En Guyane, on trouve de l'homme. Et la chasse est ouverte toute l'année ! J'aurais été un bon coup de fusil, sans me vanter. La « Tentiaire » aurait doublé la prime. Fuyons la piste. Et, comme un tapir, je m'avançai en pleine forêt. Au bout d'une heure, je m'arrêtai. J'avais entendu un froissement de feuilles pas très loin. Était-ce une bête ? un chasseur ? un forçat ? Je m'aplatis sur l'humus. La tête relevée, je regardai. C'était Jean-Marie, le Breton. Je l'appelai. Ah ! qu'il eut peur ! Mais il me vit. En silence, tous deux, nous marchâmes encore une heure et demie, le dos presque tout le temps courbé. Et nous vîmes la Crique Fouillée. Brinot, Menœil, Venet étaient là. On se blottit. Il ne manquait que Deverrer.

» — S'il ne vient pas, dit Brinot, on aura cinq cents francs de moins, tout est perdu.

» — J'ai de quoi combler le vide, dis-je. Et l'on

resta sans parler. Chaque fois qu'une pirogue passait, nous rentrions dans la brousse, puis nous en ressortions quand elle était au loin.

» Deverrer arriva, les pieds en sang.

» Cinq heures.

» Cinq heures et demie : « Tu vois Acoupa, toi ? » Six heures : « Ah ! le sale nègre ! S'il nous laisse là, les chasseurs d'hommes vont nous découvrir. » Rien non plus à six heures et demie. « Pourvu qu'il ne nous ait pas vendus ? Ou le Chinois, peut-être ? »

» Nous sommes accroupis dans la vase, le cœur envasé aussi.

» La crique devient obscure. Une pirogue se dessine sur la mer. Elle avance lentement, quoique nos désirs la tirent... très lentement, prudemment.

» Je me dresse. Je fais un signe. J'ai reconnu Acoupa.

» La pirogue se hâte, elle est suivie d'une autre, une autre plus petite. Le Chinois la monte !

» Je puis dire que, sur le moment, nous nous mîmes à les adorer, ces deux hommes-là !

» Ceux qui ont des souliers se déchaussent, et nous embarquons.

» Le Chinois saute dans la pirogue avec nous. Il allume sa lanterne. Maintenant, avant tout, il s'agit de payer. Nous sortons chacun nos cinq cents francs. Brinot, qui n'avait rien préparé, est forcé de les retirer de son *plan* (porte-monnaie intime en forme de cylindre et en fer-blanc). Chacun compte et recompte. Il y a de menus billets, c'est long ! Quand ils ont recompté, ils recomptent une troisième fois ! Vous pensez, il y a des hommes comme Deverrer qui ont vendu la moitié de leur pain pendant deux ans pour rassembler la somme ! C'est leur vie, ces cinq cents francs. On y arrive tout de même petit à petit. Cinq cents francs, puis mille, puis mille cinq cents, puis deux mille. Moi, j'ai bazardé mes coffrets, tous les souvenirs que je voulais rapporter aux bienfaiteurs. C'est dur aussi, de se séparer de cet argent-là ! Enfin, je le donne. Menœil fut le dernier. Il ne trouvait pas le compte, il s'égarait au milieu de ses billets de cent sous. « Ça me fait mal à l'estomac, disait-il, de les revoir. » Il les avait échangés, lui aussi, contre son pain. Enfin, les trois mille francs sont réunis !

» Le Chinois les prend. Il s'approche de sa lanterne. Et voilà qu'il commence à compter et à vérifier les billets, et cela avec un tel soin que l'on aurait dit qu'il cherchait sur chacun la signature de l'artiste auteur de la vignette. Il n'en passa pas un. Cela dura une demi-heure. Après, le Chinois les donna au nègre. Le nègre s'attacha la lanterne au cou et se mit à compter et à vérifier. Il n'alla pas plus vite que son compère ! Après, il les redonna au Chinois, qui se remit à les recompter et à les revérifier. Enfin, ce fut fini ; le Chinois les glissa dans sa ceinture.

» Il souffla sa lanterne, regagna son embarcation et, silencieux, dans la nuit chaude, emportant l'argent du pêcheur, il rama vers son bouge.

» – En route, dit Acoupa.

» Et il enleva la pirogue.

» Elle a sept mètres de long et un mètre de large. Nous sommes sept dedans. Il fait noir. Nous longeons la forêt vierge. Soudain, comme sur un ordre, les moustiques nous attaquent furieusement.

» Deverrer, qui est un jeune, geint sous la souffrance. « Silence, ordonne Menœil. Ce n'est pas la peine d'avoir échappé aux chasseurs d'hommes pour les attirer maintenant à cause de deux ou trois moustiques ! »

» Le jeune se tait. Et alors commence le supplice, qui durera jusqu'à l'aube. On se caresse sans arrêt la figure, le cou, les pieds, les chevilles de haut en bas, de bas en haut, dans un continuel mouvement de va-et-vient. Et à pleines mains on *les* écrase. Ils sont des millions contre vous, vous entendez, oui, des millions ! J'en ai écrasé pendant neuf heures de suite, contre ma peau, pour mon compte !

» La crique a cinquante kilomètres ; nous n'en sortirons qu'au matin.

» Acoupa pagaie. Menœil, debout à l'avant, et que les moustiques recouvrent comme d'une résille, manie un long bambou.

» Jean-Marie le reprend, puis je reprends Jean-Marie. Le bambou s'enfonce dans la vase et la manœuvre est exténuante.

» Mais nous allons.

» Chacun bâtit une vie nouvelle.

» Deverrer parle de sa mère, qui sera si contente.

» Brinot, qui est boucher, montrera aux Brésiliens comment on travaille à la Villette !

» Venet, catholique fervent, qui n'a jamais quitté son scapulaire, qui, le matin même, est allé trouver le curé de Cayenne, pour se confesser et communier, nous met sous la protection du bon Dieu.

» Jean-Marie, qui est breton et, par conséquent, assez religieux aussi, apercevant la Croix du Sud, dit que le Ciel est pour nous. Il fera de beaux meubles pour les Brésiliens !

» Menœil, avec son seul œil, n'y voit plus clair, tellement il pleure de joie : « Ah ! je la tiens, cette fois, la *Belle !* » Il a cinquante-six ans. C'est la quatrième fois qu'il part à sa recherche. Je ne sais qui l'inspire. Mais il ne doute plus. Il chante, ce vieux forçat.

– Et vous ?

– Moi, j'étais comme les autres ; j'entrevoyais le bonheur tout en écrasant mes moustiques.

» Acoupa pagayait comme un sauvage. La crique s'élargissait.

» On entendait l'appel de la mer. Puis on la vit. On hissa la voile. Cris de joie : nous avions échappé aux chasseurs d'hommes.

VI
ET LA PIROGUE SOMBRA

– Dites donc, reprit Dieudonné, avez-vous entendu parler du banc des Français ? C'est à « Niquiri », en Guyane anglaise. Là, généralement, les pirogues des forçats en route vers le Venezuela viennent s'asseoir.

– Et alors ?

– Eh bien ! le banc, c'est de la vase, et les forçats s'enlisent et meurent.

» Nous non plus, on ne tardera pas à *s'asseoir*.

» Acoupa est mauvais marin. Il ne sait pas prendre la barre à la sortie du Mahury. Il entre dans la pleine mer comme un taureau dans l'arène, donnant de tous côtés, à coups de rames saoules. Enfin, grâce au « perdant », nous arrivons tout de même à la hauteur des îles Père-et-Mère.

» Et le vent tombe. Et nous sommes forcés d'ancrer.

» On voit deux barques de pêcheurs au loin. Nous entendons un moteur. C'est Duez dans sa pétrolette qui, de son île, va à Cayenne vendre ses légumes « frais ».

Nous reculons

— Acoupa ! nous reculons ! fis-je subitement.

» Nous tirons sur la corde de l'ancre. La corde vient seule. L'ancre est restée au fond. Nous reculons toujours. On mouille une grosse pierre. La pierre s'échappe de la corde : nous reculons. J'avais emporté ma presse d'établi, pour travailler, sitôt libre ; je la sacrifie, nous l'attachons à la corde. La tension est trop forte, la corde casse. Nous reculons de plus en plus vite.

» Nous pagayons à rebours avec tout ce qui nous tombe sous la main. Moi, avec mon rabot ; Jean-Marie avec une casserole ! Pittoresque à voir, hein ?

» Nos efforts n'ont rien obtenu. Le courant nous a rejetés. Nous sommes au *dégrad* des Canes.

» Nous ancrons avec un bambou que nous plantons dans le fond. L'eau bientôt se retire et notre pirogue s'assied sur la vase. Nous pensons tous, alors, au banc des Français !

» La nuit vient nous prendre comme ça.

» Deverrer et Venet pleurent. Menœil, le vieux, est encore tout bouillant. C'est lui qui les remonte : « Je serais presque votre grand-papa, et pourtant, moi, je ris. Je sens une très bonne odeur ! Ma femme qui m'attend depuis vingt-neuf ans, cette fois, ne sera pas déçue. » Enfin, c'est ce qu'il disait !

» Aussi loin que s'étende le regard, ce n'est plus qu'un banc de vase dont on ne voit pas la fin.

» Nous décidons de sortir de là dès le lendemain au « montant », à la pagaie et à la voile. Les pagaies manquant, nous arrachons les bancs de la pirogue et nous taillons sept palettes. On pagayera à genoux, voilà tout !

» – Maintenant, dormez, dis-je aux compagnons. Il faudra être forts demain. Je veillerai.

» La nuit est froide. La lune bleuit les flaques d'eau qui sont restées sur la vase. La lanterne du *dégrad* des Canes, le seul œil de cette côte réprouvée, cligne au loin.

» Menœil ne s'est pas endormi. Deverrer rêve tout haut. Il dit : « Non, chef ! Non chef ! Ce n'est pas vrai. » Il se débat encore avec la « Tentiaire », celui-là ! Venet est agité. Jean-Marie ronfle. Acoupa grince des dents sur le tuyau de sa pipe. La nuit passe. L'eau arrive. La pirogue frémit.

» – Debout, vous autres !

» Acoupa est déjà à la barre. Jean-Marie et Menœil sautent vers la voile ; et nous, nous luttons contre le montant qui veut nous rejeter encore.

La lutte contre le flot

– Nous ne pouvons pas avancer, mais nous ne reculerons pas, nous le jurons ! Pendant trois heures, nous nous maintenons à la même place, pagayant, pagayant, pagayant. Ho hisse ! Ho hisse ! Ho hisse !

» Une brise se lève. Hourra ! la pirogue avance. Nous passons la pointe de Monjoli. La brise se fortifie. Elle nous emporte. L'enthousiasme fait valser les pagaies. Nous sourions à Acoupa. Nous doublons l'îlet-la-Mère. Adieu ! Duez ! Et que tes légumes frais viennent bien ! Voici les Jumelles ! Plus qu'un petit coup, et le large est à nous. Le vent, soudain, n'est plus dans la voile. Est-ce Jean-Marie et Menœil qui l'ont perdu ? La voile le cherche de tous les côtés. Le vent est parti. La mer nous repousse. Tous à la pagaie ! Allez, les sept ! La mer est plus forte. Elle nous renvoie à la côte. Nous touchons la vase, où la pirogue vient se rasseoir.

» Et c'est comme l'autre nuit...

» Seulement, personne ne veille cette fois. Qui donc, hommes ou bêtes, viendrait nous déranger ici ? Plus même de lanterne à l'horizon comme au *dégrad* des Canes !

» Le jour. La marée arrive lentement. Pas de vent ! Nous prenons nos pagaies. La pirogue n'avance pas. Acoupa nous commande de ne pas gaspiller nos forces. À midi, nous sentons la pirogue qui se soulève. C'est la vase qui fait soudain le gros dos. Elle ne redescend pas, elle se fige *là-haut* ! Et nous restons dessus !

» Et la troisième nuit vient, amenant le montant.

» – À la pagaie ! crie Acoupa.

» Le vent est fort, la vague méchante.

» Nous longeons les palétuviers. Ces palétuviers ! de la fièvre en branches ! La pirogue avance si vite que nous ne voyons pas fuir les arbres à notre droite.

» – Hardi ! Acoupa, crions-nous.

» Tout d'un coup, après avoir touché plusieurs fois le fond, la pirogue bute.

» Nos huit efforts donnés à plein ne la font plus bouger d'un pouce. Nous sommes sur un banc de vase surélevé. Peut-être croyez-vous que la vase est plate comme une plaine. Elle forme des escaliers qu'on croirait taillés de main d'homme. Nous étions au sommet de l'un de ces escaliers !

» Et la mer de nouveau se retire. Et c'est la vase, rien que la vase. Nous nous dressons dans la pirogue : au lointain, la vase !

» Le matin arrive : la vase !

» – Enfin, est-ce qu'on va mourir là dedans ? demandons-nous à Acoupa.

» Il nous répond qu'on y peut rester pendant une dizaine de jours, jusqu'aux grandes marées !

» Alors, je racontai à mes compagnons l'histoire des mineurs de Courrières. Et j'ajoutai : « Cela dura dix-sept jours pour eux et ils furent sauvés ! »

» Acoupa dit :

» – Il n'y a qu'un seul moyen d'en sortir. À deux cents mètres de nous, je vois de l'eau. Donc, le fond est plus bas. Si nous y amenons la pirogue, nous avons des chances de flotter à la marée du soir. Flottant, nous sommes sauvés. Voulez-vous descendre dans la vase et haler la pirogue ?

» Nous arrachons nos vêtements.

» – Attendez ! fait Acoupa. Écoutez bien la leçon. Vous vous enfoncerez dans la vase, les jambes écartées et le corps penché en avant ; autrement, elle vous avalera. Vous vous agripperez au bordage et, pour marcher, vous retirerez les jambes lentement l'une après l'autre.

» Nous entrons dans la vase. Elle nous aspire jusqu'au ventre. C'est un frisson cela, vous savez ! Mais nous n'enfonçons plus. Nos quatorze bras sont bandés autour du bordage. Menœil crie : « Ho ! hisse ! garçons ! », comme lorsqu'il était à Charvein, au halage. Nous tirons de toutes nos forces. La pirogue démarre. Elle avance maintenant de vingt centimètres à chaque effort. « Ho ! hisse ! garçons ! » Le succès nous grise. Nous crions tous : « Ho ! hisse ! ensemble ! N... de D... ! Hôôô ! hisse ! Hôôô ! hisse ! Hardi pour le Brésil ! Hôôô ! hisse ! garçons ! Hôôô ! hisse ! »

» Le soleil nous assomme. Nous n'avons pas des cœurs de demoiselles, mais la vase nous écœure. Toutes les deux minutes, nous devons nous reposer sur le bordage tellement nous sommes éreintés. À chaque poussée, nous enfonçons jusqu'au poitrail. Il est plus pénible de sortir notre corps de la vase que de tirer la pirogue.

» Deux heures de lutte, et nous remportons la victoire. Nous sommes sur la flaque d'eau. Je n'avais jamais vu sept hommes plus dégoûtants !

» Plus de vivres. Plus rien à boire.

» Acoupa tire trois coups de fusil. Cinquante petits oiseaux de vase dégringolent. Acoupa va les chercher. On les fait cuire.

» De nouveau, le soir ramène la mer. Nous sommes chacun à notre place, la pagaie prête. L'heure est décisive. La mer avance, avance. Elle entoure déjà la pirogue. Montera-t-elle assez pour nous soulever ? Comme nous la regardons ! La pirogue oscille, décolle, lève le bec. En avant les pagaies. Nous raclons le fond de la vase. L'arrière ne démarre pas. Hardi, les pagaies ! C'est notre dernier espoir ! Nous raclons farouchement. C'est la nuit noire. Alors, au milieu du silence, un chant s'élève, accompagnant chaque plongée de pagaie. Un chant de la Bretagne, où l'on parle du bon Dieu et de la Sainte Vierge, du pays, de là-bas ! C'est Jean-Marie.

» – *Elle* flotte, les enfants, hardi ! criai-je.

» *Elle* flotte ! Elle avance vers la haute mer, butant parfois sur le fond, mais à intervalles espacés. Jean-Marie chante toujours. Nous chantons tous. La pirogue ne bute plus. Elle bondit. Elle s'éloigne des palétuviers. « Tu reverras, ta mère, Deverrer », crie le vieux Menœil. Il ajoute : « Et moi, mon épouse ! »

» – Au Brésil ! clamons-nous tous. Au Brésil !

» Soudain, nous entendons le bruit formidable de la barre qui écume devant nous.

» Tout le monde se tait.

» Menœil et Jean-Marie hissent la voile. La vague est grosse. Elle passe parfois au-dessus de nous.

» Nous franchissons la barre. C'est la pleine mer. La pluie tombe. Le vent enfle. Jean-Marie, debout à côté de la voile, ne garde l'équilibre que par miracle. Nous ne pagayons plus, nous vidons la pirogue. Elle offre maintenant le flanc à la lame.

» – Barre à gauche, Acoupa !

» – Elle n'obéit plus, hurle le nègre dans le vent.

» Jean-Marie n'arrive pas à rouler la voile. Une lame emplit l'embarcation. « Videz ! Asseyez-vous, n'ayez pas peur », hurlé-je à tous. Venet et Deverrer, les deux jeunes, crient à la mort, debout. Une autre lame, puis une autre encore. Nous sombrons.

VII
L'ENLISEMENT DE VENET

Et Dieudonné continua.

— Il faisait terriblement noir...

— Vous avez l'air un peu fatigué. Si l'on buvait un petit coup de vermouth français ?

— Ça me remue, de revivre ce drame. Tenez, j'entends encore les cris d'effroi de Venet et de Deverrer qui ne savaient pas nager.

» Donc, nous sombrons.

— Quelle heure était-il ?

— Autour de neuf heures du soir. Moi, je sens qu'un drap m'enroule. Je donne des jambes et des bras ; je suis empêtré dans la voile. Sa corde, comme pour me prendre, traîne à mon cou. Je veux me dégager, deux mains m'agrippent.

— Qui était-ce ?

— Je ne sais pas !... et me paralysent. Je me libère. Je remonte à la surface de l'eau, j'essuie mes yeux et je vois. Un quart de lune éclairait tout. C'était une scène farouche. Des hommes enlevés par une lame semblaient bondir de la mer. Trois autres, hurlant, se cramponnaient à la pirogue retournée. Ils cherchaient à la tenir à pleins bras, mais ils ne pouvaient pas. Les épaves : des petites boîtes nous servant de malles et où était toute notre fortune dansaient une gigue diabolique sur la crête des vagues. Et le grondement dramatique de l'océan ! Je me souviens que ma malle passa à ma portée ; je la saisis comme un avare. C'est curieux, l'instinct de propriété, n'est-ce pas ? Je la mis sous un bras. Je nageai d'un seul. Je vis Jean-Marie qui soutenait Venet, et Menœil, avec son œil et ses cinquante-six ans, qui entraînait le gosse Deverrer.

– Vous étiez à combien de la côte ?

– On distinguait les palétuviers très loin, très loin. Je continue ma nage dans le chemin de lune. Ma petite malle raclait le fond. Elle était pleine d'eau ; je l'abandonnai.

» Je lève les bras. Je hurle pour rallier les naufragés : « Oôôôô ; Oôôôô ! » J'entends, de divers points de l'océan, d'autres « Oôôôô ! Oôôôô ! »

» Tout à coup, mon pied touche le plancher. C'est la vase. Je me souviens de la leçon de marche. Accroupi, je trotte sur les coudes et sur les genoux pour éviter d'enfoncer, car, si loin de la côte, la vase est molle.

» J'avance, essoufflé comme un pauvre chien après une course.

» – Oôôôô ! Oôôôô !

» On me répond : « Oôôôô ! Oôôôô ! »

» Une ombre passe près de moi et me dépasse : Acoupa.

» – Où sont les autres ?

» – Derrière.

» – Personne ne manque ?

» – Là, tous !

» En effet, trottant comme nous, sur la vase molle, voici Brinot, Deverrer, Menœil.

» – Courage, Gégène ! me crie Menœil, t'en fais pas *pour si peu* !

» Il avait du cœur au ventre, le vieux, hein ?

» Jean-Marie est derrière. Venet suit, mais lentement.

» – Avance ! lui criai-je. Aie pas peur !

» Bientôt je les perds de vue. Il ne peut être question de porter un homme, ce serait l'enlisement pour tous deux.

» Ces cochons de palétuviers étaient de plus en plus loin. C'était à s'imaginer que l'administration pénitentiaire les tirait à elle pour nous faire souffrir un coup de plus. Une vieille lymphangite coupait mes forces. J'étais à bout.

» Je m'accroupis et je m'assieds tout doucement. J'enfonce, mais à peine. Et je me repose là, sous la lune, mes mains tenant mes genoux comme dans un bain de siège.

» Jean-Marie me rejoint, m'encourage.

» – Va, patron ! me crie-t-il. Fais dix mètres et repose-toi. Respire fort. Fais encore dix mètres. Les voilà, les palétuviers !

» Ils étaient loin encore !

» On y arrive une heure et demie après. Moi, je suis à bout de mon effort. Jean-Marie me hisse sur des branches. Il fait froid, froid.

» De plus, il pleut, la lune se cache.

» – Oôôôô ! Oôôôô !

» Cette fois, la réponse est faible.

» Nous nous endormons. Le froid, la pluie, la faim, le vent nous réveillent. La pluie cesse, les moustiques arrivent. Elle est longue, cette nuit !

» Le désastre est complet. Nous avons tout perdu. Il nous faudra retourner vers Cayenne, seul point d'hommes sur cette rive, marcher vingt kilomètres dans les palétuviers. Comment fera-t-on ? Comment retraverser le Mahury ? On est de beaux évadés ! Enfin, on n'est pas morts, et après quinze ans de bagne !

» Et voilà le jour !

» – Oôôôô ! Oôôôô !

» On nous répond. Les autres ne sont pas loin. Ils nous renvoient le cri. Ils viennent vers nous. Les voilà ! Ils sont propres ! Ils me font peur. Si j'avais eu le cœur à rire, je leur aurais demandé d'où ils sortaient.

» On se serre la main ! Je pense qu'un homme ordinaire eût été renversé s'il avait pu voir ces individus dégoûtants, presque nus, la bouche ouverte par la soif, se serrer les mains, au petit matin, avec conviction, au milieu d'une mer de vase !

» Acoupa est gêné. Il cherche à nous expliquer des tas de choses. Menœil nous fait signe de ne rien lui dire. À quoi bon ? Nous avons appris, au bagne, à ne pas revenir sur la misère passée.

» – Où est Venet ? demandai-je en regardant tout autour.

» – Il était avec vous ! répond Deverrer.

» – Jamais de la vie !

» – Venet ! Venet ! crions-nous tous à la fois comme si déjà nous devinions. Venet !

» Un long appel, faible, nous répond. Il vient de la mer. Nous regardons.

» – Venet ! Venet !

» Une plainte se traîne dans l'espace. Acoupa tend le bras. Il montre un point noir dans la vase :

» – Là ! enlisé !

» Nous grimpons sur les palétuviers. À huit cents mètres de la côte, nous voyons un tronc. C'est peut-être un palétuvier solitaire. Ce point-là semble un tronc comme les autres.

» – Venet !

» Les bras du tronc s'agitent. C'est Venet !

» – Venet ! Camarade ! Camarade !

» Une voix sort du tronc. Il nous répond !

» Perché sur mon palétuvier, je retire ma chemise et je l'agite. Comment a-t-il fait ? Est-ce un suicide ? Un accident ? Il était le plus grand et le plus mince. Est-ce pour cela qu'il s'est enfoncé davantage ? Ah ! comme nous l'appelons ! C'est tout ce que l'on peut pour lui.

» – Avance, Venet ! Aie pas peur !

» Déjà, la marée le rejoint. Il nous semble que le tronc bouge. N'est-ce pas l'eau autour de lui qui nous trompe ?

» C'était l'eau. Lui ne bougeait pas, mais il criait toujours.

» Acoupa dit qu'il va partir, qu'il prendra une pirogue au *dégrad* des Canes et qu'il reviendra le chercher à la marée.

» – Tu vois bien qu'il enfonce et que le tronc diminue. Ce sera trop tard ! Le nègre s'en va.

» – Accompagnez-le, dis-je.

» Brinot, Deverrer, Menœil le suivent.

» Jean-Marie reste avec moi.

» – On plaquera nos pas dans les vôtres, on vous retrouvera, dis-je.

» Ils partent.

» Nous déracinons des palétuviers.

» Nous les poussons devant nous et nous avançons vers le tronc, dans la vase.

» L'eau le balance, mais ne le libère pas. Au contraire, il ne reste plus que les épaules et la tête, maintenant.

» Nous nous arrêtons. La vase nous a déjà happés tous les deux jusqu'à mi-cuisse. Nous avons peur.

» – Venet ! Camarade !

» La marée l'achève. Il n'y a bientôt plus qu'une tête. Et, quand la tête a disparu, il y a encore deux mains.

» Et nous voyons qu'il n'y a plus rien.

» – Camarade ! Camarade !

» Il n'y avait même plus de plainte pour nous répondre...

VIII
LE RADEAU FANTÔME

– Ah ! comme ils étaient las quand ils sont revenus !

» C'est un vers de Samain. Il n'a pas été fait pour nous ; pourtant, on l'aurait bien mérité !

» Les trois autres et le nègre qui étaient partis avant nous n'avaient pas brûlé le terrain. On les rejoignit ; pourtant, nous ne marchions pas vite !

» – Et Venet ? demandent-ils.

» – Il y est passé tout entier !

» Silence. Deverrer dit : « J'ai soif ! »

» Nous sommes dans l'eau depuis quatre jours, et nous mourons de soif ! Peut-être ces flaques boueuses nous désaltéreront-elles ? Nous y goûtons. Elles sont salées !

» Ma jambe – celle qui ne marche pas encore bien, celle-ci – me fait mal, mal. Jean-Marie m'assiste. Il m'aide à passer les criquots. Parfois, un tronc de palétuvier est jeté dessus en guise de pont. Par qui ? Par quel chercheur de je ne sais quoi ? Par des évadés sans doute ? Venet n'est pas seul à dormir dans cette vase !...

» – Allons ! me crie Jean-Marie, du courage !

» Nous entrons dans une crique. Il me soutient. Nous en sortons. Nous voilà devant le Mahury, c'est la marée basse. La vase ! Toujours elle ! Au moins cinq mètres de vase avant d'atteindre le fleuve.

» On cherche à faire un radeau, et voilà qu'on en trouve un. Où sont ceux qui l'ont abandonné là ? Nous le hissons sur la vase.

» Mais l'entrain n'y est plus. Nous sommes épuisés. Soif, surtout ! Soif !

» – Y a de l'eau, de l'autre côté, dit Menœil ! Y a de la vie !

» – Vôôô ! Vôôô ! Vôôô !

– Que dites-vous ?

– C'est le cri que nous poussions en chassant le radeau. Il me revient, je ne sais pourquoi. Pendant des heures, nous travaillons. Tout pour un verre d'eau, vous entendez, tout ! C'est la nuit de nouveau. Une lumière apparaît : la lanterne du *dégrad* des Canes. La voilà encore, celle-là !

» Nous montons sur le radeau et ne bougeons plus.

» Acoupa se met soudain à crier : « *Ô ! du canot ! Ô ! mouché du canot.* » Mots créoles, appel aux Noirs des parages.

» Personne ne répond.

» Alors, je rassemble mes forces, je me jette dans le fleuve. J'irai à terre chercher du secours, puisqu'il y en a. Je nage. À cent mètres de la côte, je n'avance plus. Toujours cette sacrée barre ! J'essaie de la prendre de biais, puis de tous les côtés. Pas moyen. J'ai la sensation que je vais couler. Je reviens vers l'endroit où j'avais laissé le radeau.

» Il n'y est plus !

» Je cherche. Je nage mollement. Je fais la planche, les vagues me retournent. Je coule. Je n'ai plus la force de lutter, mes membres sont raides. Alors, volontairement, je ne lutte plus.

» Je lève les bras, je bois tant que je peux pour abréger le supplice. Mes oreilles bourdonnent. Adieu, la Belle ! Et j'oublie tout.

» Tout à coup, je sens l'air vif sur ma figure. La conscience me revient. Je respire, je nage. Je respire, j'appelle : « Jean-Marie ! Jean-Marie ! »

» – Oôôôô ! par ici !

» Une main forte me saisit et me jette sur le radeau. Acoupa a disparu.

» À son appel, un canot monté par deux Noirs est venu du *dégrad* des Canes. Les Noirs n'ont voulu prendre qu'Acoupa. Ils ont dit à mes compagnons : « Vous pouvez crever ! »

» – C'est bien ! dit Jean-Marie, que tu sois revenu crever avec nous !

» Et le radeau vogue. Il va jusqu'à cinq cents mètres des îles Père-et-Mère et revient au *dégrad* des Canes. La lanterne ! Encore elle ! Puis, peu à peu, le radeau se disloque, une pièce se détache, nous commençons d'enfoncer. Nous avons de l'eau jusqu'aux hanches, puis jusqu'aux épaules. Nos têtes seules émergent.

» Il ne reste plus du radeau que les pièces principales.

» Deverrer et Brinot veulent se noyer tout de suite. Je leur jure que nous n'enfoncerons plus davantage.

» – Qu'est-ce qui te fait dire ça ?

» – Je ne suis pas savant, vous savez, mais on apprend des choses utiles, au bagne. C'est la loi d'Archimède, dis-je.

» – De qui ?

» En fait de lois, ils ne connaissaient que celles des députés, mes copains !

» – Archimède !

» – Qu'est-ce qu'elle dit, ta loi ?

» – Tout corps plongé dans l'eau perd une partie de son poids égale au poids du volume d'eau qu'il déplace. Or notre poids actuel, sur le radeau, est à peu près de trois kilos chacun. Les bois ont absorbé tout ce qu'ils peuvent boire. Si nous ne descendons plus, à présent, c'est que le radeau ne peut plus descendre. Vous entendez bien ?

» – Il a raison ! crie Menœil. Ah ! celui-là ! Il ne veut jamais mourir !

» Et puis, c'est le silence. Une sorte d'agonie au gré du courant. On a bien froid, le corps submergé. Notre fatigue est si immense que nous dormons quand même *quelques secondes*, pour nous réveiller quand nos têtes tombent dans l'eau et nous rendormir la minute d'après. Comment pouvons-nous nous cramponner si longtemps à ces pièces de bois ? Nous pensons tous aux requins et aux marsouins. Nous espérons que ni les uns ni les autres ne nous verront. Les requins nous mangeraient, et les marsouins, en voulant jouer avec nous, nous noieraient.

Au petit jour

– Et l'on voit arriver le petit jour. Nos yeux se remplissent d'espoir, nous ne sommes qu'à un kilomètre du *dégrad*.

» – Allons à la nage chercher du secours, Jean-Marie !

» Une planche sous la poitrine, nous partons ! Allégé, le radeau remonte, et les trois compagnons peuvent ramer avec leur main. Ils avancent !

» Plus de fatigue ! Jean-Marie seul s'arrête. Un point le transperce au côté. Il ne peut plus nager. Il fait la planche, couché sur le flotteur. Je nage jusqu'au fort du courant. Mais je suis maté. Il faut connaître ces barres de Guyane pour me croire ! Près de nous, un barrage à poissons. Hurrah ! nous allons donc retrouver des hommes.

» Nous montons sur le barrage.

» – Oôôôô ! Oôôôô !

» Un canot apparaît avec deux Noirs.

» – Oôôô !

» Il approche.

» – Cinquante francs ! hurlent les nègres.

» Il y avait trente mètres jusqu'à la terre ! Je proteste. Ils s'en vont ! Je les rappelle !

» Deux minutes après, nous touchons le sol.

» Enfin nous trouvons à boire ! Et il y a des pastèques ! Que c'est bon !

» Devant l'argent, les Noirs se découvrent des âmes de sauveteurs. Ils vont chercher nos trois compagnons sur le radeau.

» Les voici. Ce qu'ils boivent, eux aussi ! Ils donnent cinq francs aux Noirs, toute leur fortune. Les Noirs se fâchent, se tournent vers moi. Je refuse de payer.

» Il y a là un vieux lépreux qui parle d'avertir la police de Remire.

» Mais on se divise pour filer tout de suite : Menœil, Deverrer, Brinot d'un côté ; Jean-Marie et moi de l'autre. On se retrouvera à la nuit, dans la forêt. Nous savons où.

» Nous sommes seuls au rendez-vous, le soir. Menœil, Deverrer, Brinot se sont fait reprendre par des chasseurs d'hommes, en longeant Remire, à quinze kilomètres de Cayenne...

IX
DANS LA JUNGLE

— Dites donc, Dieudonné, après de telles séances de vase, je ne comprends plus pourquoi vous avez fait tant de bruit, hier, quand cette auto, rue Ouvidor, nous aspergea d'une simple et misérable boue ?

— C'est sans doute que je redeviens civilisé. Pourtant, je n'ai pas fini, dans mon histoire, de vivre comme une bête. Je crois même que cela commence. Vous pouvez toujours faire monter du vermouth, c'est bon contre la fièvre et nous avons encore longtemps à causer.

» Nous voilà donc dans la forêt vierge.

— À quel endroit ?

— Du côté du dégrad des Canes, à vingt kilomètres de Cayenne. D'abord nous dormons. Nous dormons toute la nuit, tout le jour suivant, toute la deuxième nuit. On s'était fait un lit de feuilles mortes. C'était du luxe. C'est aussi bon qu'un matelas d'hôtel, vous savez !

— Alors, vous ne mangiez pas ?

— On se nourrissait. L'homme peut manger ce que le singe mange. On les observait. Vous ne pouvez imaginer comme c'est drôle de regarder vivre les singes ! Ainsi, ils craignent l'eau. Savez-vous comment ils passent les criques ? Le plus fort s'attache à une branche haute ; un autre se pend après le premier, et tous se pendent à la suite, de manière à faire juste la longueur de la crique, dix mètres, vingt mètres, cela dépend. Jamais ils ne se trompent. Quand ils sont le nombre qu'il faut, ils se mettent à se balancer, le singe de queue attrape une branche de l'autre côté de la crique. Le pont suspendu est établi. Toute la tribu le traverse, dos en bas. Quand elle a passé, le singe de tête, celui qui soutenait la guirlande, lâche tout. Et le « pont » ainsi détaché franchit l'eau redoutée.

» Mais nous n'étions pas ici pour regarder jouer les singes. Le matin du second jour, nous décidons d'agir.

» Jean-Marie connaît la région. Il a travaillé sur la route. Il part à la recherche d'êtres humains.

» Moi, je reste au point. Je fais bien remarquer à Jean-Marie que ce point est nord.

— Vous aviez une boussole ?

— Pas besoin ! La mousse vous guide en forêt. Direction nord : mousse sur les troncs ; rien : direction sud.

» Je reste seul. Je ne perds pas mon temps, j'organise un petit buffet froid. Ce que les singes jettent, à moitié mangé je le ramasse. N'oubliez pas que le singe est gaspilleur. Ce sont des fruits sauvages, des feuilles, des racines. C'est assez bon ! Si Jean-Marie ne trouve pas de secours, on ne mourra pas de faim.

— Et de soif ?

— Nous sommes près d'une crique. À la nuit, j'entends qu'on froisse les feuilles.

Deux jolis cocos

– C'est Jean-Marie.

» Il revient flanqué de deux jolis cocos, Jean-Marie me fait un signe qui veut dire : je n'ai pas trouvé mieux. Chacun porte une musette pleine de choses à manger.

» L'un est Robichon, dit Pirate, ravitailleur d'évadés, ancien maître de danse à Toulouse. L'autre s'appelle Blaise, dit Jambe de Laine, trimardeur de profession. Ce sont des interdits de séjour, deux libérés.

» Ils n'ont pas une figure que j'aime bien. Pirate est habillé pauvrement, mais il est propre. Jambe de Laine est lamentable. Par les trous de ses hardes, je vois son sous-vêtement de tatouages. Nu-pieds hirsute, barbe incolore, plus de dents ; sur le chef, une calotte informe qui, sans doute, fut un chapeau.

» Pirate porte beau, Jambe de Laine approuve tout ce qu'il dit. Ils acceptent de nous ravitailler, mais « comme ils risquent gros, qu'ils ont à se défiler comme des chats-tigres, que tout est si cher ! », ils exigent cent francs tout de suite, « afin de remercier Dieu qu'ils se soient, eux, Pirate et Jambe de Laine, trouvés sur notre chemin ».

» – Vous pensez, ajoute Pirate, je devrais être à Toulouse à l'heure qu'il est. Je suis libéré depuis huit ans ; alors, si j'avais pu, depuis tant d'années, mettre huit cents francs de côté pour m'offrir le retour dans la belle France, vous ne m'auriez pas rencontré. Ça se paye, cela !

» Ils demandent ensuite cent francs chacun de gratification quand ils auront trouvé le pêcheur pour nous conduire à l'Oyapok.

— Vous rêviez déjà de recommencer ?
— Pardi ! Jean-Marie est breton, moi, je suis lorrain, deux têtes de buis ! De plus, nous paierons double le prix des vivres. Quant aux gratifications, dit Pirate, en arrondissant un geste élégant, je les laisse à votre générosité !

» Jean-Marie, indigné, lui dit :
» — F... le camp, j'en trouverai d'autres !
» Je crains la délation.
» — Marché conclu ! fis-je.
» Alors Pirate :
» — C'est bien pour vous que je le fais, c'est le devoir d'un homme d'aider les évadés. Si j'étais riche, je vous soutiendrais pour rien.
» Je paye.
» Ils vident leurs musettes : pain, harengs saurs, beurre salé, chocolat, tabac, allumettes.
» — Venez, disent-ils, on va vous présenter, près d'ici, à une vieille négresse solitaire qui sera bonne pour vous.

La bonne vieille

— Un carbet dans la forêt vierge. Une femme noire, qui paraît avoir un grand âge, broie du manioc. Elle lève la tête et son sourire, dans une face laide, est très joli. Elle nous plaît !
» — Asseyez-vous, *peti enfants*, dit-elle.
» Pirate et Jambe de Laine sont partis. Elle nous fait une boisson chaude avec des herbes de sa connaissance. Nous lui racontons notre pauvre histoire. Elle nous écoute en se signant souvent. Quand nous

en arrivons à la fin de Venet, elle pleure de vraies larmes de pauvre vieille. Ce qui l'étonne, c'est que les requins ne nous aient pas mangés sur le radeau quand notre tête seule dépassait. « C'est Dieu et notre saint père Fabre de Cayenne qui vous ont protégés », dit-elle.

» Je lui mets un peu d'argent dans la main. Elle le refuse. Il faut insister. Elle le prend. Puis, à voix basse :

» – Méfiez-vous de Pirate, il est capable de tout. Jambe de Laine n'est qu'un z'idiot exploité par lui.

» Il est huit heures. Les singes rouges hurlent dans la nuit, couvrant tous les autres bruits d'insectes, d'oiseaux, de reptiles, de mammifères et de végétaux. Vous avez entendu le singe rouge ? Il a un sifflet à roulette dans la gorge, l'animal ! On croirait que cent hommes poussent le cri de la perdition, et ce n'est qu'un singe pas plus gros qu'un bébé !

» La bonne vieille négresse installe des nattes de feuilles de cocotier. Ce sera notre lit, un paquet de fibres sèches pour oreiller. Elle nous garde pour passer la nuit.

» Une branche verte jetée au feu fera un « boucan » contre les moustiques.

» Qu'il fait bon !

» Au petit jour, elle nous réveille. Elle nous apporte quelque chose de chaud à boire, comme une maman française à ses garçons.

» Puis, elle nous reconduit à notre cachette. En route, elle nous en montre plusieurs autres, en cas de danger.

» – Je vous ferai signe, mais ne venez jamais chez moi tout seuls.

» Elle ne craint pas les surveillants chasseurs d'hommes, mais les Arabes mouchards, qui marchent pieds nus, et que l'administration dresse comme des chiens pour dépister les évadés.

» – C'est l'époque, dit Dieudonné, où je passais pour mort, à Paris.

X
NOUVEAU DÉPART

– Savez-vous combien de temps nous sommes restés dans la forêt, à vivre comme des bêtes de pays chauds ? Un mois.

» Nous avions découvert un arbre immense que protégeaient des bambous et des lianes. Nous nous étions fait un lit de feuilles dans ses branches et nous surprenions tous les secrets de la jungle ; la goinfrerie du tapir qui, sitôt réveillé, se mettait à avaler des fourmis ; la pitrerie des singes. Ils étaient intrigués, ceux-là, de nous voir dans leur royaume ; ils ne cessaient de nous regarder sous le nez. Tout ce que nous faisions, ils l'imitaient. Je jouais de la trompette avec mon doigt, ils en jouaient ; je fumais, ils dégringolaient pour ramasser le mégot. Et la scène de famille chez papa et maman puma, qui corrigeaient petit puma à coups de crocs dans l'arrière-train ! Si j'avais eu une machine à tourner les films, j'en aurais gagné, de l'argent, et j'aurais maintenant un joli complet pour me promener avec vous dans Rio de Janeiro.

» Les soirs, on descendait, afin de recevoir la visite de Robichon, dit Pirate, ex-maître de danse à Toulouse.

» Il n'a jamais connu notre installation dans l'arbre. C'était notre refuge secret contre les traîtres, les mouchards, les chiens de chasseurs d'hommes. Pirate nous entretenait des rumeurs de Cayenne. Menœil, Deverrer, Brinot avaient parfaitement été arrêtés dans Remire. C'est la soif qui les avait fait prendre. Il y a des gens qui ne savent pas souffrir le temps qu'il faut pour réussir !

» Pauvre Menœil ! hein ? C'était sa cinquième ! Et il chantait avec tant de confiance à la proue de la pirogue !

» Jean-Marie et moi, nous passions pour morts. Nous nous étions, paraît-il, enlisés avec Venet.

» – Seulement, disait Pirate, il faut confirmer la légende ; c'est bien, de la part des copains, d'avoir dit ça. Mais ce que je fais est mieux.

» – Et que fais-tu ?

» – Je vous enlise, chers camarades. À tous les transportés, je débite d'effarants récits sur votre supplice. Toi, Dieudonné, je te fais périr en hurlant. On entendait tes cris jusqu'au dégrad des Canes. Donne-moi vingt francs !

» – Assez tapé ! N'as-tu pas honte de saigner deux misérables ?

» – J'ai honte, faim et soif. Donne vingt francs ou je te ressuscite !

» Pirate trouvait des arguments de diplomate pour nous empêcher de chercher asile ailleurs. Il avait déjà tout engagé, tâté le pêcheur, préparé les voies de la liberté. C'est ainsi qu'il s'exprimait ! Il nous apportait des preuves innombrables et incontrôlables de sa bonne foi, de « son dévouement jusqu'à terre ». Jambe de Laine confirmait tout.

» – Jambe de Laine, demandait Pirate, est-il pas vrai qu'hier j'ai crié devant un surveillant : « Ah ! Dieudonné ! le malheureux ! crever comme ça ! »

» – C'est vrai, disait Jambe de Laine.

» – Est-ce pas vrai que je me suis déjà mis en rapport avec le plus habile pêcheur des mers de Guyane, et qu'il s'appelle Célestat ?

» – C'est vrai !

» – Donne-moi trente francs !

» Ils restaient deux jours, parfois, sans nous ravitailler. Ils buvaient notre pauvre argent chez un Chinois. C'est alors que nous mangions avec les singes...

» La bonne vieille négresse n'osait plus nous recevoir. Le bruit avait fini par courir à Cayenne que nous n'étions pas morts, mais cachés dans les environs. Des Arabes rôdaient près de notre retraite. Nous ne fûmes bientôt plus en sûreté que dans notre arbre. Nous y vécûmes vingt-huit jours, ne descendant qu'à l'heure où Pirate devait venir. Nous y grelottions de froid quand il pleuvait, et, quand il faisait beau, les moustiques nous suppliciaient. Et, comme si nous étions déjà des morts, les vers macaques nous mangeaient. J'en ai eu douze. Et les fourmis flamandes ! On a souffert ! Pourtant, notre torture était surtout morale. La confiance en Pirate s'en allait. L'argent aussi ; l'espoir...

» Le trentième jour, jours comptés un à un, Pirate apparut, accompagné d'un Noir.

» – Enfin, salut ! dis-je au nègre.

» Il s'appelait Strong Devil, il était de Sainte-Lucie et connaissait la « mé » depuis les Antilles jusqu'au Brésil sud. Il avait déjà trois forçats. Son prix était de huit cents francs !

» – Pirate, dis-je, tu vas aller à Cayenne, cette nuit. Voici une lettre. Tu frapperas à cette adresse, on te remettra mille francs. Cinquante pour toi.

» Et je dis au Noir :

» – Entendu. Quand ?

» Pirate répond :

» – Demain, à la nuit, Strong et moi, nous vous attendrons dans le carbet de la bonne vieille. Tu donneras cent francs à Jambe de Laine, cent francs à moi, plus les cinquante promis tout de suite, petit Dieudonné !

» Sept heures, le lendemain. Jean-Marie et moi nous sommes dans le carbet. La vieille panse les plaies de nos pieds. Du bruit. Ce sont les trois compagnons, trois têtes inconnues. On est sept mille au bagne ! Pirate et Strong suivent. Jambe de Laine suit.

» – Payez ! dit Strong.

» Pirate me remet les mille francs.

» Je paye.

» – Paye, dit Pirate, tendant la main et montrant Jambe de Laine.

» Je paye.

» Les trois s'appellent : Dunoyer (meurtre) ; Louis Nice (assassinat) ; Tivoli, dit le Calabrais (meurtre).

» Malade, la femme du nègre n'avait pu l'accompagner pour ramener l'argent. Aussi partit-il lui-même pour Cayenne. Il avait promis d'être de retour à minuit.

» Il ne vint pas. Le lendemain non plus. Ah ! nous étions de brillants individus ! Volés par Strong ; dénoncés par Pirate. Plus d'argent, la pluie, la faim.

» À la nuit, je prends le Calabrais et je lui dis :

» – Tant pis ! Pirate doit être chez son Chinois, allons !

» Il y était. Nous le sommons de nous conduire d'urgence chez Strong. Mais il était saoul.

» – La nuit prochaine, dit-il.

» Nous retournons dans la forêt. Il pleut.

» Le lendemain, à midi, j'entends un bruit. Le haut des taillis remue. Un Arabe passa sa tête, il me fait signe d'approcher. J'ai un mouvement de recul. Il insiste. J'y vais. Les compagnons me suivent.

» – Vous êtes dénoncés, nous dit-il. Je suis chargé de repérer votre refuge. D'autres Arabes cherchent ailleurs. Pirate vous a vendus, mais toi, Dieudonné, tu as sauvé Azzoug – c'était le marabout des forçats musulmans ; il était en train de se noyer, un jour, aux îles du Salut –, alors, nous, les Arabes, nous ne dirons pas où vous êtes. Je suis venu te prévenir. Jambe de Laine est filé. Fuyez.

» Nous ne sommes plus que des bêtes de brousse traquées par les chasseurs d'hommes. Nous tombons sur des mouches-sans-raison. C'est pire qu'un essaim d'abeilles. Nous approchons heureusement d'une savane inondée. Nous y plongeons. Elles nous laissent.

» Louis Nice connaît la demeure de Strong. Il ira seul. Nous l'attendrons de l'autre côté de Cayenne.

» On se sépare. C'est la nuit. On *traverse* Cayenne. Depuis trente-six jours, je n'ai plus revu la *ville* ! Pas un casque de surveillant. Je suis déjà devant l'église. Mes narines se pincent, tellement j'ai peur. Mais la chasse est commencée, et nous sommes forcés. J'arrive place des Palmistes. À droite, l'hôpital, quelques lumières ; à gauche, la poste, un

Blanc en sort. Je me cache. Des urubus se couchent, des crapeaux-buffles beuglent. Silence. Obscurité. Mélancolie. La brousse ! Cayenne est traversée !

» À huit heures du soir, Nice arrive au rendez-vous. Il sort de chez Strong. Il n'y a trouvé que sa femme. Son mari est dehors et nous attend depuis deux jours. La femme avait conduit Nice au rendez-vous. Et maintenant, nous suivons Nice.

» Deux heures de marche. Une crique. Strong est là, assis sur son fusil, fumant sa pipe. Il rit.

» – Vous avoir payé, moi veni ! Moi pas voleur !

» Mais, l'autre soir, il avait rencontré Sarah ! Il avait de l'argent – le nôtre –, alors Sarah ! tafia ! bal Dou-Dou ! Et puis *l'amou* ! Une nuit d'amour quoi ! pendant que nous l'attendions.

» Le lendemain, à son réveil, il apprend que nous sommes vendus. Il charge Pirate de nous donner ce nouveau rendez-vous.

» Bref nous avions retrouvé le sauveur ! Le nègre se lève, étend le bras, désigne une ombre sur l'eau : la pirogue.

XI
VIVE LA BELLE, LA BELLE DES BELLES !

– La pirogue ! Elle est pareille à l'autre, l'autre qui sombra.

» Bah !

» Elle s'appelle la *Sainte-Cécile*... Strong dit : « C'est un vrai poisson. » Il ajoute : « Par *mouché* Diable (monsieur Diable), je vous conduirai à l'Oyapok. »

» On attend que le montant emplisse la crique.

— Acoupa, lui aussi, avait juré, dis-je.

— Acoupa ? Très vilain petit singe noir, marin des savanes, rien du tout de bon. Strong prend cher, mais Strong arrive. Allons ! fit-il.

» Il est onze heures de la nuit.

» La pirogue est belle : pagaies de rechange, deux ancres, chaînes solides, cordes neuves, un réchaud, du charbon de bois, des provisions.

» – Moi, homme de conscience, dit Strong.

» Nous embarquons. Il voit tout de suite que Jean-Marie et Nice seront les meilleurs à la voile. Les autres prennent les pagaies.

» – Maintenant, dit Strong, parlez bas ; le son s'entend de loin sur l'eau. On reconnaîtrait vos voix de *voleux* et *de* assassins !

» Nous arrivons devant le Mahury.

» Toujours la petite lanterne du dégrad des Canes.

» L'aube ! Nous hissons la voile.

» Strong est beau. D'une main il tient la corde, de l'autre le gouvernail. Il tire des bordées en sifflant, il zigzague avec science.

» Nous avançons sur Père-et-Mère. J'aperçois l'endroit où nous avons reculé avec Acoupa... Jean-Marie le voit aussi et le regarde. Et tous deux, ensemble, subitement :

» – Ho ! hisse ! garçons ! C'est là ! Ho ! hisse !

» Toutes nos forces et toutes nos âmes sont dans les pagaies. Nous passons !

» – Merci, mouché Diable ! dit Strong.

» Et il assoit la pirogue sur la vase.

» – Pourquoi ? demandons-nous, effrayés.

» Il mouille les deux ancres, roule la voile et dit : « Strong connaît ! »

» On ne repartira que le lendemain.

» La nuit vient. C'est là, exactement, que nous avons fait naufrage. Il ne reste rien de nos épaves, la vase a tout avalé. Rien. Nous sommes sur le tombeau de Venet... Duez ou sa femme allument là-bas, sur leur île, leur lanterne-phare. Au fond, le vent qui se lève arrache aux palétuviers des cris de fièvre et d'abandon. Un tronc apparaît dans la vase. Il ne va pas lever les bras, au moins, celui-là ? Eh bien ! il faut le dire, mon cauchemar ne dura pas. Un tel désir de liberté bouillonnait en moi qu'il chassa le passé. La nuit était belle. Il y avait clair de lune. Strong dormait comme un bon saint noir. L'espoir submergea le souvenir.

» Puis on se réveilla. C'était encore la nuit. Une lanterne brillait à l'horizon.

» – La crique Can, dit Strong, là où Bixier des Âges...

» – Bixier des Âges ? Mais je connais ça !

» – Je pense bien. Vous l'avez vu à l'île Royale... Voilà comment il faisait. C'était un z'ami z'â moi-même. Il prenait cinq, six *voleux* ou z'assassins, pour l'évasion. Des Arabes, surtout. C'est les z'Arabes qu'il aimait le mieux. Tout le temps il me demandait si je n'avais pas des z'Arabes à lui repasser. Il les conduisait jusque-là, ici même, devant la lanterne. « Z'amis, leur disait-il alors, faut débarquer pour faire de l'eau. » Ils débarquaient. Quand les z'Arabes étaient bien jusqu'au ventre dans la vase, Bixier, mon z'ami, il prenait un fusil comme celui-là.

» Strong fouille le fond de la pirogue et ramène

son fusil. J'ouvre les yeux, dit Dieudonné, et je me tiens prêt !...

» – Comme celui-là, reprend le nègre, et, pan, il les tuait !

» Strong remet son fusil à sa place. On a tous eu chaud, vous savez, une seconde !

» – Alors, quelques-uns de ces z'Arabes, se sauvaient en suivant la crique. Mais, là, juste à la lanterne, il y a une fourche. À cette fourche, Bixier des Âges avait des complices. Les complices achevaient le travail. Ils ouvraient le ventre des évadés et leur volaient le *plan*. C'est là où cela se passait. Regardez bien...

Dieudonné reprend :
– Ce Bixier des Âges a été arrêté, jugé et condamné à perpétuité. Il vit maintenant, à Royale, parmi les compagnons de ceux qu'il tuait. Et que lui disent ces compagnons ? Rien. Au début, l'administration, qui pourtant connaît son monde, redoutait le contact ; elle l'avait isolé au sémaphore. La précaution n'était pas utile. Je l'ai vu dans une case avec cent autres, dont le frère d'un homme qu'il avait assassiné. Tous jouaient ensemble à la Marseillaise, le bourreau, les victimes. Le bagne, c'est la liquéfaction de tous les sens. Pouah !

– Un coup de vermouth, lui dis-je, et continuons.

– Alors, le matin arriva. La colline de Monjoli, la première, sortit de la nuit.

» – À la pagaie ! nous crie Strong.

» Il eût fallu voir notre entrain.

» – La faute d'Acoupa est d'avoir passé la barre à la voile et de nuit. Il faut travailler de jour et à la *main*. Allons !

» La pleine mer est proche. Strong compte : « Un, deux ».

» Dans le danger, les hommes ne demandent pas à êtres libres ; ils veulent se sentir commandés. Strong se révèle un chef, et nous avons du bonheur, à lui obéir. Nous pagayons, pagayons, pagayons...

» L'eau glauque s'éclaircit. On n'aperçoit bientôt plus que des taches sombres. Elle devient limpide. C'est la pleine mer. Strong regarde et dit : « C'est fait ! Nous avons passé la barre sans nous en apercevoir. » Nous hissons la voile. Le Calabrais s'approche de Strong et l'embrasse. Sur le visage, la joie chasse le bagne, et, tous à la fois, comme des fous ou des imbéciles, nous nous mettons à hurler en plein océan : « Vive la Belle, la Belle, des Belles, la Plus Belle des Plus Belles ! »

XII
SEPT LONGS JOURS

— Six jours exactement que nous sommes en mer. Le vent est fort, la vague méchante. La pirogue, couchée sur sa droite, bordage au ras de l'eau, avance. Nous la vidons à coups de calebasse.

» Strong est beau. Pipe aux dents, il manie tout, la voile, la barre. Nous chevauchons les vagues, nous les descendons sans dévier jamais de notre route :

» – Ventez ! Ventez ! sainte Cécile ! Ventez ! Ventez, mouché Diable ! Allume ma pipe, Calabrais.

» Il faut savoir que, lorsque les Noirs croient le diable dans leur jeu, ils ne doutent de rien.

» Voici l'Approuague, un des fleuves de Guyane. Nous apercevons le mariage de son eau jaune avec la mer. L'Approuague, où il y a de l'or ! Et puis, une crique !

» Il s'y dirige, l'atteint, ancre.

» Après, il dit :

» – Strong va pêcher.

» Il jette une ligne de fond. Trente minutes après, vingt mâchoirons gisent dans la barque.

» C'est bon, le mâchoiron, fait Dieudonné. Ainsi appelions-nous le directeur du bagne de votre temps, le très honorable M. Herménegilde Tell. Il avait les yeux comme ce poisson, hors de la figure. Mais le poisson est bien meilleur !

» Maintenant, Strong dit : « Au nom du Diable, je fais la cuisine. » Il allume le réchaud.

» On mange.

» – Cette crique, reprend le nègre, s'appelle « Crique des Déportés ». Vous ne le saviez pas ? Je vais apprendre à mouchés blancs la géographie, moi, mouché noir !

» Tout en mangeant, il conte :

» – Quand j'étais petit enfant, petit, petit, je venais là avec des aînés, entrepreneurs d'évasions. Alors les grands, ils laissaient là mouchés forçats. Ils disaient : « Allez, z'amis, chercher de l'eau. » Et mouchés forçats descendaient et la pirogue s'en allait, et mouchés forçats, ils crevaient dans li vase et le palétuvier. Seuls les courageux se sauvaient et gagnaient les hauteurs, là-bas. Ce furent les premiers bûcherons de bois de rose, les premiers chercheurs d'or de l'Approuage. J'étais petit, moi, tout petit...

» On regarde Strong. Il comprend notre pensée. Il dit :

» – Humanité a fait progrès pendant que moi devenu grand.

» Il lève les ancres. Nous pagayons. Quatre heures après, pointant le doigt vers un sommet, Strong dit : « Montagne d'Argent ! »

» Montagne d'Argent ! me dis-je. Quel souvenir ! Moi aussi, c'était quand j'étais petit, petit. J'allais à Nancy faire les commissions de ma mère. Elle me disait : « Tu rapporteras du café de la Montagne d'Argent. C'est le meilleur ! » Et la voilà !

» C'est bien elle. Si loin ! Si près !

» Dans ce temps-là, c'étaient les jésuites qui la cultivaient. Elle rendait. L'administration lui succéda.

» – Depuis, dit Strong, montagne donne *rien de café*. Elle est devenue de bronze, puis de bois, puis de lianes, puis d'herbes folles.

» La mer est grosse. Il pleut. Nous traversons un terrible endroit. Strong lutte magnifiquement. Louis Nice et le Calabrais vident la pirogue. Jean-Marie est barreur. L'autre et moi, nous faisons le balancier pour empêcher la barque de chavirer.

» Strong gagne une anse et crie :

» – Mouché Diable, protège ton fils, mouché Strong !

» On ancre.

» On prépare à manger. Tout à coup, un vent subit s'engouffre dans l'anse, des vagues chargent notre pirogue. Elle oscille terriblement. Le réchaud, notre marmite sont culbutés. Strong blanchit.

– C'était un nègre, mon vieux.

– Alors, vous n'avez jamais vu un nègre blanchir quand il y a de quoi ?

» – Pagayez ! Pagayez ! crie-t-il.

» Jean-Marie lève l'ancre. Il était temps. Une tornade passait, arrachant les palétuviers, jetant des épaves contre la pirogue. Les nuages couraient si près de nos têtes qu'on aurait pu les toucher de la main.

» Jean-Marie se dresse comme s'il avait quelque chose à dire à la nature. « On s'en fiche, crie-t-il, si on coule encore cette fois, on recommencera une troisième ! »

» Et, parlant toujours à l'Invisible : « Et une quatrième ! »

» À quoi cela servirait, je vous le demande. Je lui dis de s'asseoir et d'obéir. Il répond : « Bien, patron ! »

» Un quart d'heure après, le calme était revenu. On ancre.

» Alors, comme nous regardons devant nous, on voit arriver un nouveau nuage ! Celui-là vole ; ce sont les moustiques des palétuviers voisins. Ils nous ont découverts et viennent torturer la seule proie qu'ils aient : les évadés.

» Ils tombent sur nous.

» Notre bois est mouillé. Nous ne pouvons allumer de « boucan ». Ils nous recouvrent. Vaincu, Jean-Marie s'abat dans le fond de la pirogue. Il pleure de souffrance. Il n'a que vingt-huit ans ! Et, tout en se laissant manger, il répète comme des litanies ! « Ah ! misère ! Oh ! misère ! Oh ! Oh ! »

» Et voici le matin du septième jour.

» – Aujourd'hui, nous dit le Noir, vous verrez le Brésil.

» Les cœurs battent. Nous nous regardons dans les yeux, comme pour mieux échanger notre joie.

» – Tu est sûr, on le verra ? demande Jean-Marie à Strong.

» – Par mouché Diable !

» – F...-nous la paix avec ton diable. Je te demande si on arrivera, oui ou non.

» – Tais-toi, dis-je à Jean-Marie.

» Il se tut.

» Pas de vent. Nous allons à la pagaie. Il y a beaucoup d'écueils, par là. La journée est difficile.

» On ne mange pas. Pour mon compte, j'ai l'impression que je ne mangerais jamais assez vite et que je perdrais trop de temps.

» La chaleur est si gluante qu'une lassitude chargée de sommeil nous pénètre. La pagaie tombe de nos mains. On n'en peut plus.

» – Là ! Là ! dit Strong, regardez ! Cap Orange. Brésil !

» Le sang me remonte au cerveau. Je saute presque à la figure du nègre.

» – Que dis-tu ? Le Brésil !

» – Le Brésil ! Cap Orange ! Le Brésil !

» – À la pagaie ! petits frères !

» Je n'ai pas besoin de commander deux fois ; tout le monde est réveillé.

» – C'est le Brésil, camarades !

» Quand je réfléchis, maintenant, je me demande ce que nous trouvions de beau à ce cap Orange. Il était aussi lugubre que le reste. Ah ! cet instant ! Je vois danser, entre les arbres du cap Orange, le double des créatures qui m'attendent en France. *Je le vois !*

» Jean-Marie dit : « Ma Doué ! » L'Autre, je n'ai jamais bien su son nom, parle d'une petite amie qu'il a, rue des Trois-Frères, à Montmartre, qu'il avait, tout au moins ! Nice et le Calabrais, eux, retournent du coup à leur origine ; ils baragouinent l'italien.

» Quant à Strong, il fume sa pipe.

» – Ventez ! Ventez ! sainte Cécile ! Ventez ! mouché Diable !

» Cette fois, on ne se moque plus de lui. Nous voyons la gueule de l'Oyapok.

» Le vent se lève.

» L'Oyapok est large comme une mer. Nous l'abordons. Il nous avale par une espèce de courant secret.

» La pirogue vole. L'eau entre. Nous la sortons. L'Autre et Nice quittent leur pantalon pour être prêts, en cas de danger, à continuer à la nage.

» Une saute de vent déchire notre voile par le bas. Dans l'orage qui commence, elle claque comme un drapeau. Un quart de seconde, je revois la scène de notre naufrage. Mais non ! Jean-Marie rattrape la voile, la reficelle. Bravo !

» Pendant deux heures, nous courons sur l'Oyapok déchaîné, glacés de froid, d'espoir, de peur, de joie ! On arrive ! Ces lumières, là-bas, c'est Demonty. Demonty, la première ville du Brésil.

» – C'est beau ! C'est beau ! disions-nous tous ensemble.

» Il fait nuit noire. Nous avons plié la voile. Nous allons maintenant à la pagaie, évitant tout bruit de choc dans l'eau.

» Une éclaircie dans les palétuviers.

» – Quelques maisons...

(Ceux qui n'ont pas entendu Dieudonné prononcer à cette minute ces deux mots : *quelques maisons*, n'entendront jamais tomber du haut de lèvres humaines la condamnation du désert !)

— Strong aborde. Nos pieds touchent terre. Silencieusement, sans mot d'ordre, nous, les cinq forçats, nous embrassons le nègre.

» — Adieu ! nous dit-il, que mouché Diable vous protège !

XIII
EN PAYS PERDU

— Le Brésil, oui, Mais, avant tout, l'endroit où nous sommes s'appelle pour nous : l'Inconnu !

Dieudonné se ranime à ce moment du récit. Il veut me faire sentir que l'évasion d'un forçat consiste à passer d'un mauvais cercle dans un cercle redoutable.

— Ah ! ce n'est pas fini ! dit-il.

» Nous ne savions qu'une chose, le nom du lieu où nous étions ; cela oui ! Pas un bagnard qui ne l'épelle : Demonty.

» Pour mon compte, je rêvais à Demonty depuis quinze années.

» Nous y sommes. Onze heures du soir. Nuit d'encre, vingt maisons de bois dans la forêt. Silence tragique.

» Tout à coup, nous nous serrons les mains, les cinq ! Jean-Marie, joignant les siennes, prononce : Demonty ! Nous répétons : Demonty ! La joie tourne en nous comme la tornade sur mer. Jusqu'ici, nous devions nous cacher de tout : des chiens de chasseurs d'hommes, des gens. Là, nous n'avons plus rien à craindre. Vingt maisons ! mais, pour sept mille hommes, c'est la ville la plus grande du monde, c'est la liberté !

» Nous restons bien trois heures là, sur place, sans bouger, parlant bas, morts de froid, mais si heureux :

» – Il ne faut pas croire, ajoute-t-il, que le bonheur ne soit fait que pour les heureux !

» Enfin, nous nous mettons en marche. Il est deux heures du matin, exactement ; la pendule de l'église vient de sonner. Si par hasard l'église était ouverte, on irait y dormir. Nous avançons sur le village. L'église est fermée. À côté, un hangar délabré avec une lanterne au fond. Entrons.

» C'est une étable. Des vaches couchées lèvent la tête. Quel œil accueillant, elles ont ! Un gros chien nous regarde, vient nous flairer et se frotte à nous. Il n'aboie pas ! Il remue même sa queue ! Depuis que nous avons quitté la vie pour le bagne, nous n'avons jamais eu réception pareille !

» Chacun s'étend contre une vache pour avoir chaud. La mienne était rousse et bien bonne !...

» À l'aube, un bruit. On se réveille. Un homme fort, gros, nous regarde. Il a deviné qui nous étions.

» Il hoche la tête et s'en va.

» Nous, nous ne bougeons pas.

» L'homme revient, portant une énorme marmite de riz et de giraumons. Cela fume.

» Nous croyons que c'est saint Vincent de Paul.

» Nous sortons sur la petite place. Les femmes, les jeunes filles, les hommes, les enfants nous entourent. Nos mines, nos loques ne leur font pas peur. Les femmes nous montrent du doigt la direction de la Guyane. Nous faisons « oui » de la tête. Alors, elles se signent en levant les yeux au ciel...

Là, je dois dire que Dieudonné ferma ses paupières et s'endormit. Il était toujours dans ma chambre, assis dans un fauteuil d'osier. Je supposai d'abord qu'il se recueillait, mais, quand je lui dis : « Eh bien ! Après ? », il ne broncha pas. Je sortis et revins deux heures plus tard. Il n'avait pas bougé. Je repris ma place devant la table. Il se réveilla.

— Savez-vous, me dit-il, sans s'être aperçu du hiatus, que toutes les femmes là-bas, sont magnifiquement blondes ? Et coquettes ! coiffées à la garçonne, rouge aux lèvres et fumant la cigarette ! On grelottait de fièvre, hein ! Elles nous apportèrent de la quinine. Elles nous tâtèrent le pouls, le front, tout naturellement. Et nous étions sales ! Elles nous donnèrent des bols de lait chaud ! C'était le paradis ! Alors les douaniers...

— Ah ! ceux-là !

— Comment, ceux-là ? Les braves gens ! Ils connaissent d'avance notre histoire. Ils savent bien que nous n'avons rien à déclarer. Ils nous disent que les mines d'or de Carcoenne ont repris l'exploitation et que l'on peut aller là.

» On remercie tout le monde. Jean-Marie entre dans l'église faire une prière, Louis Nice et le Calabrais disent qu'ils vont partir de leur côté. Adieu !

» Nous restons, Jean-Marie, moi et l'Autre.

— Pourquoi l'appelez-vous l'Autre ?

— On n'a jamais bien su son nom, c'était un pauvre petit, bête et malheureux. On l'appelait l'Autre parce qu'il disait toujours à propos de tout : « C'est la faute de l'autre. » L'autre, c'était celui qu'il avait tué, après une orgie de cidre dans une ferme du côté de Lisieux, je crois.

» On compta notre argent. Moi, trois cent soixante-cinq francs guyanais et vingt grammes d'or. Jean-Marie : cent cinq francs et quinze grammes d'or. L'Autre : sept francs dix.

» – On t'emmène jusqu'aux mines.

» – Merci, Jean-Marie ; merci, Dieudonné, fait-il en s'inclinant devant nous comme si nous étions des évêques.

» Les douaniers nous trouvent un canoë pour Carcoenne. Coût : cent francs et vingt grammes de poudre d'or.

» On embarque.

» Je vais vous défiler rapidement la suite de cet épisode, fait Dieudonné, le malheur étant toujours le malheur.

» Alors, on est sur le canoë avec les six marins et le patron. Nous tournons le cap Orange. Là, on s'arrête pour acheter du poisson salé aux Indiens à cheveux plats. On repart. On longe la côte. Palétuviers ! Ah ! ceux-là ! Si j'en revoyais, à présent, je crois que me mettrais en colère et que je cracherais dessus. On rencontre des petits points habités qui s'appellent : Cossuine, Cassiporé. Le surlendemain du départ, nous voyons quelques maisons. On demande ce que c'est ; le patron dit : Carcoenne.

» – C'est là où nous allons, piquez dessus !

» – Non ! fait le patron, qui continue sa route.

» On se fâche. Le patron déclare que lui se rend à Amapa, qu'il nous a pris pour gagner de l'argent, et qu'il ne s'arrêtera pas à Carcoenne.

» Où allions-nous trouver du travail maintenant ?

» Le matin, le canoë entre dans une crique vaseuse. Au fond, un hangar et six nègres nus qui scient des planches. Le patron parle à l'un des hommes, longuement, et nous fait signe de descendre. Je parie mes grammes d'or que nous aurions été tués comme des lapins par les scieurs de long si nous étions descendus. C'étaient des Indiens à l'œil d'oiseau, les plus mauvais ! Nous refusons. Tout le monde crie. Nous crions plus fort. « On n'est pas des Arabes, dis-je. Cette fois vous avez affaire à des Français. » Et nous nous mettons en position de défense.

» Le patron nous déposera à Amapa.

» La confiance est partie. La nuit, nous veillons à tour de rôle. Au matin, c'est une nouvelle crique vaseuse, noire, un vrai paysage de crime : Amapa. Que faire là ?

» – Patron, dis-je au Brésilien du canoë, deux cents francs pour nous descendre plus bas.

» Il veut aussi quinze grammes d'or. Tout ce qu'on a, quoi ! Mais, il ne va qu'à Vigia, sur l'Amazone. De là, nous pourrons gagner Belem.

» Belem ! Deux cent cinquante mille habitants, le grand phare de tous les bagnards !

» J'accepte. Il dit : « Manhana » demain ! *D'amanha a tarde* (de demain à ce soir). Cela dura six jours !

» Mais j'ai vu des sirènes...

» C'était le quatrième jour. On m'avait signalé un campo, dans l'intérieur, où nous pourrions trouver de la farine, et la gagner en faisant l'âne qui tourne la meule. J'étais le mieux portant des trois. J'y partis. Je savais qu'il fallait traverser la savane, de l'eau jusqu'au ventre. J'entrai dedans. J'allais ainsi depuis *trois heures*, quand je vis venir à moi, de l'eau jusqu'au ventre aussi, des sirènes ! Elles avançaient avec tant d'aisance que je m'arrêtais. Elles riaient de mon ébahissement. Elles avaient les cheveux coupés, de la poudre aux joues, du noir aux yeux, des corsages de satin, des colliers d'or ou d'argent. Elles étaient jolies, très jolies. On ne voyait que le buste, tout le reste était dans l'eau, tout. Elles ne se baignaient pas, elles allaient à leurs affaires.

» – Bon dia ! leur dis-je. Elles parlaient ! et me renvoyèrent : « Bon dia ! »

» Soudain je crus en reconnaître une.

» La jeune fille était si belle qu'elle me rappela subitement à travers trente années, la Vierge Marie de la chapelle Saint-Stanislas, de l'orphelinat de Nancy, devant qui sœur Thérèse, nous accompagnant à l'harmonium, nous faisait chanter :

Ave, maris stella !

... Dieudonné redescendit sur terre. Ce fut pour dire :
– On en voit des choses en évasion !

XIV
C'ÉTAIENT TROIS CHEMINEAUX DU BAGNE

Les trois chemineaux du bagne commencent une nouvelle « station ». Ils reprennent la mer pour descendre jusqu'à l'Amazone.

C'est là, sur ces rives de légende, que Belem est construit. Il leur reste en tout, le canoë payé, quatorze grammes d'or et un billet de dix mil-reis (trente-trois francs).

Pas de travail ; partant, pas de pain. Comme ils jeûnent, ils sont malades. Ils embarquent à Montenegro d'Amapa, où les mouches à dague, sans doute pour les guérir, leur font des pointes de feu. Celui qu'ils appellent l'Autre est à bout et geint dans le fond du canoë, entre deux ballots de poissons secs !

— Il délire tout le temps, reprend Dieudonné. « Non ! Non ! dit-il, vous ne ferez pas ça, monsieur le directeur ! »

» Il est loin, le directeur, lui renvoie-t-on. Il est à Saint-Laurent-du-Maroni ! On va vers l'Amazone, tu entends, réveille-toi ! Il sort de son cauchemar pour y retomber.

» Il nous faudra six jours de ce canot pour atteindre l'Amazone. Je les passe. Ce n'est que de la faim — les durs matelots ne sont pas compatissants et mangent devant nous sans rien nous donner —, de la maladie, du chagrin, le chagrin de ceux qui n'ont pas la chance avec eux. Mais, dans l'histoire, cela n'est rien ; ce n'est pas plus que l'accompagnement monotone d'une guitare pour une chanson !

» Je passe donc, hein ? Et voici l'Amazone. Alors, là, je dois vous dire mon opinion. C'est tout de même rudement beau à voir ! Ni l'Autre, ni Jean-Marie ni moi, pauvres bougres, n'avions jamais pensé voyager un jour, tout comme des explorateurs, sur le fleuve le plus mystérieux du monde. C'est ce que le sort nous réservait, pourtant !

» — C'est trop joli, cela ne doit pas être pour nous, disait Jean-Marie.

» On longe une rive. Nous ne voyons pas l'autre, il s'en faut. C'est le matin. L'eau est vert tendre. Des feuilles, des branches, des arbres entiers accompagnent le courant. Voici déjà des maisons. Plus loin, une scierie mécanique. Puis un phare. Deux phares. Nous arrivons chez les hommes.

» Il y avait soixante-huit jours que nous nous étions évadés. Alors, voir des fumées sortir des toits, voir un tramway ! Le tramway surtout nous bouleversa. On riait. Et il marchait, vous savez, le tramway ! Il marchait vite ; c'était épatant !

» – Eh ! l'Autre, lève-toi, regarde !

» – C'est Paris ? demande-t-il.

» – Des toits, des hommes, un tramway, des bicyclettes !

» Il fait « Ah ! » et repose sa tête sur son sac puant le poisson séché.

» – Courage ! il va falloir te tenir sur tes pieds. Essaye !

» Nous préparons nos besaces et la sienne.

» Un havre aux rives boisées. Le canoë l'aborde.

» Un appontement de bois.

» Nous sommes à Vigia !

» Un vieux douanier nous crie : « Hep ! Hep ! »

» Il parle français et nous demande de le suivre.

» Est-ce que nous avons l'air de posséder des biens ?

» On se regarde.

» Les habitants s'arrêtent et nous contemplent avec beaucoup de curiosité.

» Nous entrons à la douane. Il sait qui nous sommes, pardi !

» – Vous allez à Belem ? demande-t-il.

» – Oui, et c'est tout ce que nous avons à déclarer.

» – Eh bien ! allez-y ! fait le vieux bonhomme.

» Il nous reste quatre mil-reis et cinq grammes

d'or en tout, pour tout et pour trois. La première station de chemin de fer est à Santa-Izabel, à soixante kilomètres. Une fois par semaine seulement une auto relie les deux villes. Coût : dix mil-reis chaque place. Nous courons tout Vigia à la recherche d'un emploi. Nous entrons dans une scierie. On ne veut pas de nous. C'est l'Autre qui doit nous faire du tort, tellement il a l'air de vouloir mourir. Nous le couchons dans une impasse. Nous repartons. Pas de travail au port ; ce n'est d'ailleurs qu'un appontement. Un tailleur chinois ne veut pas de nous ; pourtant, nous savons coudre. On s'informe s'il y a des meules pour le manioc ; nous pourrions nous embaucher comme mulets. Pas de meules !

» Le soir tombe. Rien à espérer ici. Nous avons encore trop l'air bagnard. Une seule solution : abattre les soixante kilomètres à pied.

» On retrouve l'Autre dans le fond de son impasse. Il nous suit. Nous prenons la route de l'autocar. Neuf heures du soir. La route coupe la forêt ; nous trébuchons dans les ornières. Il pleut. Aucun abri. Marchons.

» – Peux-tu suivre, toi, l'Autre ?

» Il marche un peu en arrière, mais il marche.

» La nuit est sans lune. J'entends les dents de Jean-Marie qui claquent : un accès de fièvre. Depuis longtemps, on n'avait plus de quoi acheter un pain ; on se passait aussi de quinine ! Nos pieds sont déchirés par les cailloux. Le sable, la terre, l'eau, nos chaussures, tout cela ne fait qu'un seul poids à traîner. De plus, Jean-Marie a sa malaria ; l'Autre, sa crève, et moi, ma jambe gauche...

» Nous buvons l'eau qui coule le long des arbres.

» Jean-Marie ne peut pas. Il tremble tellement qu'il casserait ses dents contre l'écorce.

» On marche en suivant le fil télégraphique, en le devinant, plutôt.

» Ce sont trois forçats en promenade.

» Au matin, nous avons fait vingt kilomètres. Nous tombons où nous sommes et dormons. Une heures après, nous reprenons la route. C'est dur de repartir ! Nous marchons tout le jour, nous arrêtant souvent. Il y a des bananes ; nous en prenons : la nature nous les donne.

» Les maisons des villages que nous traversons sont en vase compressée. Qu'il ferait bon, là dedans, une heure ! une nuit ! Les habitants ferment leurs portes. Les chiens aboient, les enfants nous montrent de loin. La nuit revient.

» L'Autre suit comme un automate. Il n'a pas dit un mot depuis vingt-quatre heures. Mais il n'est pas mort, puisqu'il marche. Il pleut. Nous marchons toute la nuit. Longtemps après notre passage, les chiens hurlent encore. L'eau tombe, par trombes. Nous avisons une masure. L'Autre s'écroule contre le mur et ne bouge plus. On s'écroule comme lui. Je me retiens pour ne pas tousser. La toux l'emporte. Deux chiens aboient, nous trouvent et n'en finissent plus. On remue dans la masure. Nous reprenons la route inondée.

» Mais, cinq cents mètres plus loin, nous nous dirigeons tous les trois vers un poteau télégraphique : on s'assoit autour.

» Il doit être trois heures du matin. On repart.

» L'Autre suit en parlant tout seul maintenant. Il

délire debout. Enfin, pour l'instant, il ne nous retarde pas.

» Les coqs chantent au matin !

» Au loin, des lumières électriques, pâles dans le jour qui vient.

» Attiré par elles, l'Autre semble remonté ; il marche comme un pantin à manivelle, si vite qu'on ne peut le suivre. Il ne parle plus, mais il comprend encore. Il a compris que c'était la gare de Santa-Izabel. Il a fait soixante kilomètres à pied, en pleine agonie !

» Il arrive. Il s'effondre.

» Le train s'en va à quatre heures du soir, pour Belem. Les jours ordinaires, cela coûte un mil-reis deux cents. Aujourd'hui, dimanche de carnaval, paraît-il, le prix est de deux mil-reis neuf cents. On en pleurerait. On n'a pas de quoi prendre le train !

» Des gens s'approchent. On leur vend notre *plan*. On trouve toujours à vendre cet instrument, c'est si peu ordinaire ! Une femme nous achète des bananes. Maintenant nous avons l'argent.

» Quatre heures arrivent. Nous montons dans un wagon. Des banquettes ! On s'assoit, un peu hallucinés par la souffrance et la faim.

» Des marchands de gâteaux font circuler leurs paniers. Tout le monde mange. Nous nous tenons raides et dignes et regardons par la portière pour ne pas voir les pâtisseries.

» Douze petites stations dans la forêt amazonienne. Puis Belem !

» L'Autre vit encore.

XV
SOUS LES CONFETTIS

— Belem ! Il est 8 h 12 du soir. Santa Maria do Belem do Para !

» Nous descendons du wagon, traînant l'Autre. Nous sommes arrivés ! Passerons-nous inaperçus ?

» Nous mettons pour la première fois le pied dans une ville organisée. Il va falloir compter avec la police. Jusqu'ici nous n'avions abordé qu'à des « dégrad » perdus.

» Nous sortons de la gare ; ses lumières nous aveuglent, nous grisent.

» J'ai l'adresse d'un camarade évadé depuis six mois. Où est-ce ? Dans quelle direction ? Aucun de nous ne parle encore portugais. Je décide d'aller seul du côté du public et de montrer l'adresse écrite sur un papier. Je pars. J'hésite avant d'aborder un passant. Je choisis une dame. Elle est un peu étonnée ; je suis tellement sale ; une barbe repoussante, et mes souliers surtout ! Mais j'ai ma casquette à la main, et mon regard ne doit pas être celui d'un homme dangereux. Elle me montre un tramway et m'indique que c'est tout au bout.

» Je reviens trouver les deux loques.

» On voudrait prendre le tram, mais on ne sait combien cela coûte.

» On ira à pied.

» L'Autre, qui est à sa toute dernière extrémité, part le premier, mécaniquement.

» Nous suivons les rails ; nous sommes malades, en guenilles, affamés. La ville est tout illuminée. Une musique joue, la population est en fête. C'est le dimanche du carnaval. De fenêtre à fenêtre, à travers la rue, les gens se lancent des serpentins. Les autos passent, remplies de fêtards qui s'envoient des confettis ; les jeunes hommes aspergent les femmes de parfum. Elles répondent à coups de petites boules en celluloïd. Place de la République, les globes électriques blanchissent les visages. Des voitures où hommes et femmes pincent de la guitare tournent autour de la place ; cela fait un jovial carrousel.

» Nous sommes couverts de confettis. Nous avons faim ; nous regardons les restaurants, les pâtisseries. Des badauds, des masques nous empêchent d'avancer. Alors, nous écoutons les orchestres du Grand Hôtel et du café da Paz. L'Autre est héroïque. Il reste dans la fête, comme s'il était venu spécialement pour elle ! On le soutient. Nous avançons. Une rue, deux rues. Nous demandons dix fois. Enfin, voilà l'impasse et le numéro.

» Une baraque. Je frappe. »

Ici, je dois enlever la parole à Dieudonné. Elle revient de droit à Rondière. C'est chez lui que les trois forçats se rendaient. Évadé du bagne, Rondière n'est plus à Belem. Je l'ai rencontré au Brésil non à Rio, mais dans le Sud. Il est venu m'attendre au sommet d'un funiculaire, parce qu'il est né dans la même ville que moi et que nous avons peut-être joué ensemble, autrefois...

« On frappe, commence Rondière. Il était dix heures du soir. J'étais couché. Je prends ma chandelle, j'ouvre en chemise, je regarde. Je vois trois loqueteux traînant des serpentins à leurs chevilles, la barbe remplie de confettis et les yeux maquillés par la faim.

» – Eugène !
» – C'est moi ! dit-il.
» – Eh bien ! t'es beau !
» Je recule ; ils entrent. Ils étaient bien abîmés.
» – Combien donc que t'a mis de temps, Eugène ?
» Il laisse tomber, d'une bouche qui a soif :
» – Soixante-douze jours !
» Je donne de l'eau, du pain. Alors, je m'aperçois que parmi les trois il y a un moribond qui ferme déjà les paupières sur mon plancher.
» – Qui est-ce celui-là ?
» Dieudonné répond :
» – De là-bas !
» – Il faut le conduire à l'hôpital. Pour lui d'abord, pour nous ensuite. S'il meurt ici, nous serons jolis !
» Le moribond ne pouvait plus marcher. Nous n'avions pas d'argent pour prendre une voiture.
» – Ah ! dis-je à Jean-Marie, tu es fort toi ; moi aussi ! On le portera à la chaise morte. Comme c'est carnaval et la rigolade dehors, les gens croiront qu'on s'amuse.
» Je m'habille. J'empoigne l'Autre, comme ils l'appelaient. On sort tous les quatre.
» On allait à un kilomètre de là, à la Santa Casa de Misericordia.
» D'abord, je le portai tout seul. Quand on entra dans le quartier de la fête, je le pris en chaise avec Jean-Marie. On causait, on riait. Je disais à Dieudonné, qui suivait derrière :
» – Ramasse des confettis et jette-les nous : on aura l'air d'un groupe de bambocheurs.

» Il nous en mit quelques poignées. Je repris le copain sur mon dos dès qu'on eut passé les lumières. Il ne dormait pas ; c'était un rude paquet tout de même !

» On parvint à la Santa Casa.

» On ne nous demanda pas de papiers. Il y avait là une sœur française. Elle en avait vu arriver quelques-uns de la même espèce. Elle savait d'où il venait !

» – Encore un ! dit-elle.

» Il est mort le lendemain matin. Ce fut sa Belle à lui...

Un nouvel état civil

« Alors, le lendemain (Dieudonné a repris la parole), je me lave, je me rase. Un Russe nous prête dix mil-reis. Je vais acheter une chemise pour moi et pour Jean-Marie.

– Cela fait deux chemises, alors.

– Une seule. On la mettra tour, à tour, suivant les visites que nous *aurons à rendre*. Jean-Marie est fort ; je suis maigre. Je choisis la chemise entre les deux ! Je reviens. Rondière nous fait manger du pain et du beurre. Je sors pour chercher du travail.

» Je vois : *Fabrique de meubles, Casa Kislanoff et Irmaes*. Je me présente. On m'embauche. À une heure de l'après-midi, j'avais le rabot à la main.

» J'achète des vêtements à *prestâcoes*, à tempérament.

» Je fais embaucher Jean-Marie.

» Je loue une chambre. Je ne suis plus le forçat

Eugène Dieudonné, mais M. Michel Daniel, ébéniste. On ne peut pas s'appeler Victor Hugo, par exemple !

» Quinze jours après je vais à la police pour me faire établir ma *cadernette*, cette carte d'identité qui sert de tout en Amérique du Sud. J'ai le certificat de ma logeuse, celui de mon patron. Je donne ma photo. Officiellement, je suis M. Daniel.

» On est presque heureux, Jean-Marie et moi, maintenant. Tout le monde nous accueille bien. Notre patron nous augmente. Il veut me nommer contremaître. Je refuse, pour éviter les jalousies.

» Puis arrive Pinedo, vous savez, l'aviateur italien. Je sortais du tombeau et n'avais rien vu depuis quinze ans ! Cet enthousiasme ! Ah ! être libre d'acclamer et d'applaudir !

» J'achetais tous les soirs la *Folha do Norte*. Ce soir-là était le 25 mai. je l'ouvre. Je pâlis. Jean-Marie pâlit : ma photo était en deuxième page !

» Je lisais le portugais depuis deux mois. L'article n'était pas méchant. Mais il disait que la police française avait signalé à la police brésilienne qu'Eugène Dieudonné, évadé de Cayenne, devait être dans l'État de Pernambouc ou dans celui de Para.

» Je revis le bagne. Nettement. Ce fut atroce. Et puis je décidai de me suicider plutôt que d'y retourner. Et j'eus comme un soulagement.

» À l'atelier, le lendemain, rien de changé. Ma propriétaire m'appelle toujours M. Daniel. Aucun chien ne lève le nez pour me regarder. Une semaine passe. Rien. Une autre, puis d'autres.

» Le 14 juin, à onze heures, je sors de mon atelier. Il fait très chaud. Je prends, comme chaque jour, le chemin de mon restaurant l'Estrella da Serra ! J'ai très soif. J'entre dans la pension. Je me verse un verre d'eau. Je le buvais debout, lorsque quatre hommes, assis à la table voisine, se dressent. Ils m'entourent. Je reste le verre aux lèvres. C'était quatre *investigadores* de la police. »

» – Suivez-nous !

XVI
D'ÉTONNEMENT EN ÉTONNEMENT

Ma chambre à Rio de Janeiro est vaste ; cela permet à Dieudonné de se promener à grands pas.

« En français, encore ! Ces quatre-là n'avaient dû apprendre le français que pour venir un jour derrière moi et me dire : « Suivez-nous ! »

» Peut-être étaient-ce les deux seuls mots qu'ils connaissaient.

» Alors quoi ? (Dieudonné s'emballe. Ce souvenir-là ne lui vaut rien.) J'entendrai toujours ce « Suivez-nous » ? Je posai mon verre. Je les regardai en face, l'un après l'autre, et je dis : « Voilà, emmenez-moi. »

» On sortit. Ils ne m'avaient pas mis les menottes.

» À peine à cent pas du lieu, Jean-Marie, qui allait déjeuner, aperçoit le groupe. Il reste pile sur le trottoir.

» Voilà le magasin de nouveautés où j'ai acheté à tempérament le costume que je porte. Je dois encore vingt mil-reis dessus. Comment le paierai-je ? Je ne gagnerai plus rien. On va pouvoir dire que je suis un escroc. Jean-Marie me suit. Il m'accompagne à distance. Il est fou ! Il doit bien se douter où l'on me conduit.

» Voici la prison. Les investigadores n'ont pas besoin de me guider. Je ne l'ai jamais vue, mais je la reconnais ! C'est une écurie que l'on m'a appris à sentir de loin. J'y entre le premier. J'attends à deux portes. On les ouvre : je les franchis. Et je constate que le bruit d'une porte de prison qui se referme est le même dans tous les pays !

» On me met dans une cellule. J'ai retrouvé mon domicile attitré. J'étais en voyage depuis plus de six mois. Et je suis rentré chez moi. Voilà !

» Quel mal ai-je fait ?

» Je travaillais neuf heures par jour. J'étais couché à dix heures. Le dimanche, j'apprenais le portugais.

» Je saisis les barreaux de ma cage et je restai là regardant dans le couloir.

» C'était l'heure où je me rendais à l'atelier. Que va dire le patron, qui voulait faire de moi son contremaître ? Je dois six jours de chambre à ma logeuse. Pauvre Michel Daniel, on ne veut pas que ta tête remonte sur l'eau !

» Une porte grince. Des pas résonnent. Que vois-je ? Jean-Marie, entre deux gardiens !

» Je tourne comme une bête dans ma cellule.

» Une heure passe. Elle passe mal ! Un surveillant ouvre ma cage et, gracieusement, me fait signe de le suivre. On me conduit à la direction de la prison.

» Un monsieur est là, jeune. Il dit :

» – Je suis Antonello Nello, deuxième préfet de police.

» Il me fait asseoir.

» – Vous êtes Michel Daniel ?

» – Je suis Eugène Dieudonné, évadé de la Guyane française...

» – Je vous remercie de n'avoir pas voulu me tromper.

» Sur son bureau, une collection de journaux français du temps du procès, le livre de Victor Méric : *Les Bandits tragiques*, puis un dossier.

» – Depuis longtemps, Dieudonné, je connais votre cas. Nous policiers, nous nous intéressons aux grands procès internationaux.

» – Je vivais honnêtement de mon travail ; pourquoi m'avoir arrêté ?

» Il sourit et lève un doigt comme pour dire : « Je vous dirai cela plus tard. »

» Il me lit un procès-verbal que je dois signer, m'expliquant en français les termes que je comprends mal. La pièce est simplement pour me faire déclarer que je suis bien Eugène Dieudonné, l'évadé. Il demande doucement si je veux signer : je signe.

» – On vient d'arrêter l'un de mes amis. Pourriez-vous me mettre dans la même cellule que lui, monsieur le préfet ?

» – Avec grand plaisir, répond-il.

» Il se lève et me serre la main !

» Cette politesse, cette main tendue, je n'avais jamais rien vu de plus renversant au cours de ma vie de prisonnier.

» Je demeurai interdit.

» Et l'on me conduisit dans la cellule de Jean-Marie. Il n'était pas seul ; un troisième évadé était là : Paul Vial. Je leur dis que le deuxième préfet de police venait de me serrer la main.

» – C'est peut-être l'habitude au Brésil, dit Jean-Marie.

» Nous divaguons toute la nuit.

» Au matin, Jean-Marie et Paul Vial sont appelés à la Centrale. Je ne les ai plus revus. On leur a fait prendre le *Casipoor*.

– Le *Casipoor* ?

– Un bateau brésilien qui, tous les mois, va de Belem à l'Oyapok. On les a ramenés à la Guyane. J'avais deviné cela, le soir même, dans ma cage. Moi ! je ne prendrai pas le *Casipoor,* m'étais-je dit, je me pendrai.

Je ne cessais pas, évidemment, d'écouter Dieudonné, mais je dois dire que ce fut tout de suite avec un léger petit froid dans les oreilles...

– Le lendemain, 16 juin, on ouvrit ma cellule. On me dit de prendre mon chapeau, de rattacher mes souliers. On m'emmena.

» On m'emmena me promener.

» Nous quittons la prison. Le gardien qui m'accompagne cause gentiment avec moi. Tout cela est invraisemblable. Agissent-ils ainsi pour que je m'évade ? Ce n'est pas une façon de garder un prisonnier ! Nous arrivons à la préfecture de police. On prend l'ascenseur ! Est-ce que le préfet m'attendrait pour m'offrir le thé ?

» Au premier étage, le guide me dit de m'asseoir et il disparaît. Je suis seul. Je n'aurais qu'à descendre l'escalier et à m'en aller.

» Mon gardien revient.

» – Venez, *monsieur Dieudonné.*

» Il ouvre une belle porte. Je suis dans le cabinet

du préfet de police de l'État de Para, le Dr Paulo Pinhero.

» Il est à son fauteuil. À côté de lui, le deuxième préfet. Je reste debout.

» – Asseyez-vous, me dit le premier.

» Le second me demande :

» – Vous allez bien ?

» Ils parlent tous les deux. J'entends les mots : Guyane ! Franca ! Pernambouc ! Ils regardent les fiches... Le deuxième préfet insiste : « *Trabalhador honesto !* » ne cesse-t-il de répéter. Ils ont devant eux les déclarations des frères Krislanoff, mes patrons, des frères Fernandez, mes restaurateurs, de Dona Maria, ma logeuse. « Très bon ! très bon ! » fait le préfet. Il me dit : « J'ai écrit au ministre, à Rio. » Puis il sonne. Mon gardien apparaît. Il lui parle en portugais. Le préfet me serre la main. On m'enferme dans une pièce à côté.

» Un fauteuil, un lit, un grand stock de bottes de gendarmes ! Ah ! les braves bottes !

» Je m'étends sur le lit. Le gardien prend le fauteuil.

» On entre ; c'est le préfet de police. Il déloge le gardien, approche le fauteuil de mon lit, s'installe.

» Il cause avec moi, en bon français. Je lui raconte mon évasion. Alors, il fait apporter de la limonade et, lui, assis comme un pacha, moi, couché comme une princesse, je parle, et il m'écoute quatre heures durant – non sans trinquer de temps en temps.

» Après, il me dit :

» – Je vais vous faire conduire à la Cadeia de Sao-José. On y est beaucoup mieux.

» Je pars à pied, sans menottes, fumant les cigarettes de la préfecture.

» Le lendemain, le préfet vient me voir. Pendant les huit jours que je reste là, il me rend visite quatre fois. À la fin, il me dit :

» – Vous serez mieux dehors. Voici ma carte, vous êtes libre !

» Et je sors avec lui !

» Je reprends mon travail ! Je réoccupe mon logement, je m'installe à ma pension. Tout le monde me reçoit avec enthousiasme. Deux jours plus tard, je vois arriver, chez Krislanoff, un policier de *ma suite*.

» Il me dit bonjour, me serre la main et m'annonce qu'il doit de nouveau me conduire en prison.

» Je pose le rabot. Ce n'était pas une blague, il me ramène à la prison !

» On m'enferme dans ma cellule.

» Mon cerveau, heureusement, était solide ! »

XVII
LE MINISTRE DE LA JUSTICE VEUT VOUS VOIR !

« Le mur du bagne est dur à escalader.

» Comptez. Dans la première pirogue : six. L'un est mort ; trois autres sont repris ; Jean-Marie rentre au bagne sur le *Casipoor* ; moi, je suis assis sur mes dalles, derrière mes barreaux.

» Cinq dans la seconde pirogue. Ne parlons plus de Jean-Marie ni de moi ; le troisième : mort ; les deux autres, après quatre mois ne sont pas encore signalés à Belem, ce qui signifie qu'ils n'ont pas réussi.

– Que s'était-il donc passé pour Jean-Marie et vous ?

– Lors de notre évasion du bagne, la Sûreté de Paris fut aussitôt prévenue.

» Elle télégraphia au Brésil.

» L'État de Pernambouc, qui avait peut-être d'autres soucis, commença par ne pas se soucier de moi. Il y avait, en effet, à cette époque, une affaire extraordinaire : celle du bandit Lampéro, dit le Lion du Nord.

» Deux mois passent.

» Le Lion du Nord décide de prendre des vacances. Il part pour les montagnes ! Voilà donc une bande perdue.

» À ce moment, la police de Pernambouc se rappelle qu'on lui en a signalé une autre : la bande à Bonnot !

» Elle cherche dans ses archives, retrouve le télégramme de la Sûreté à Paris et décide d'agir. »

On peut lire dans les journaux de Recife des articles qui font croire que la bande à Bonnot vient de traverser l'Atlantique et se prépare à piller l'État de Pernambouc. On y précise que l'un des *principaux* acteurs de cette sanglante compagnie, Eugène Dieudonné, qui était au bagne, s'est évadé de la Guyane avec de nombreux complices dans le but de reprendre au Brésil les exploits qui terrorisèrent *L'État de la Seine.*

« Tenez, dit Dieudonné en fouillant une vieille besace, voilà ces journaux. Regardez si je mens !

» La police de Pernambouc arrête les évadés de la Guyane domiciliés à Recife.

» Que ceux-là me pardonnent. Ils ont souffert à cause de moi.

» Je ne suis pas dans le nombre. Mais il s'y trouve un traître. Lui sait par d'autres évadés que j'habite Belem et que je m'appelle Michel Daniel. Il me vend contre sa liberté.

» Cinq minutes d'entracte, fait Dieudonné. Un mouchard m'a toujours mis hors de souffle.

– Qui était-ce ?

– J'en soupçonne deux. Je ne puis donner un nom. Je suis payé pour savoir que l'on ne doit pas accuser sans certitude.

» La police de Pernambouc n'aurait plus, légalement, qu'à se tenir tranquille. Ce n'est pas ce qu'elle décide. Pourquoi ? Me croyant un redoutable bandit, elle espère une forte prime de la France.

» Deux de ses as prennent le bateau. Cinq jours de mer. Ils débarquent à Belem. Cela constitue le premier chapitre.

» Passons au deuxième acte, continue Dieudonné.

» Les deux as de Pernambouc vont trouver le préfet de Para. Ils lui dévoilent que son État court un grand danger. Ils lui récitent la fable des journaux de Pernambouc.

» – Bien, dit le préfet un peu surpris de posséder depuis si longtemps la peste chez lui sans s'en être aperçu. Voilà deux de mes agents. Arrêtez-le.

» On m'arrête à l'Estrella da Serra, le verre d'eau aux lèvres.

» Vous suivez bien ?

— Je suis.

— On arrête Jean-Marie, Paul Vial, Rondière ; on fait une rafle générale des évadés, ces évadés, ne l'oubliez pas, qui devaient constituer, sous ma haute direction, la nouvelle bande à Bonnot !

» Ah ! j'en ai commis, des dégâts !

» La police de Para, qui ne se considère pas comme aveugle, est piquée dans son orgueil. Elle avait un grand bandit chez elle et n'en savait rien ! Elle dit : « Voire ! »

» En deux heures, elle fait le tour des maisons où je travaille, où je mange, où je couche. Elle ne découvre pas de bandit, mais un ouvrier assidu, un citoyen rangé.

» Le deuxième préfet m'appelle dans son bureau, me serre la main. Vous revoyez la scène ?

— Je revois.

— Le lendemain, ayant étudié mon affaire, contrôlé les renseignements, le premier préfet me reçoit chez lui. C'est là que nous fumons ensemble et qu'il vient bavarder quatre heures avec moi, auprès de mon lit, ce qui pour le moins me faisait ouvrir les yeux autant que la bouche.

» Pendant que l'on me ramenait en prison, mon sort se décidait : Para refuserait de me livrer à Pernambouc.

» Les journaux, sous l'inspiration du préfet, écrivaient des phrases que je vais vous traduire parce qu'elles en valent la peine.

(Il fourragea dans un tas de vieille gazettes.)

— Écoutez :

« La recherche de la police de Pernambouc nous semble étrange. La présence de Dieudonné chez nous devrait moins l'incommoder que, chez elle, celle du Lion du Nord et de sa bande... Évidemment, il est plus commode de se tailler un succès en s'attaquant à un humble forçat dont la conduite est exemplaire qu'à des bandits bien chaussés et bien armés et tout à fait décidés. Les intentions de la police de Pernambouc sont donc inavouables. Nous ne lui remettrons pas l'ébéniste évadé pour être transporté à Recife et de là à Cayenne ou à Paris. Ce serait un acte ni noble, ni juste, ni humain. »

» Cet article – lisez – était signé Antonio Nello, deuxième préfet.

» Là-dessus, la préfecture de Para prie les policiers de Pernambouc de retourner dans leur Recife.

» Puis elle me met en liberté.

» J'étais, maintenant, fougueusement défendu par... la police. Que dites-vous des fantaisies de l'existence ?

» Sur ce coup-là, l'ambassade de France au Brésil demande mon extradition. La préfecture de Rio transmet l'ordre à celle de Para. Voilà Para forcé de me remettre en prison.

» Elle m'y conduit, vous vous souvenez, après m'avoir serré la main.

» J'arpente ma cellule. Je languis. Je ne sais rien à cette époque de ce que je vous raconte. Mes compagnons chantent. Ils chantent jusqu'à neuf heures du soir, et même plus tard, la voix soutenue par des guitares et des mandolines. Cela me renverse davantage encore. Je ne comprends rien à cette prison où l'on me fait entrer, sortir, rentrer, où les autres s'amusent comme à une noce, où les gardiens m'appellent monsieur ! Tous les quarts d'heure j'entends : *Sentinella, alerta !* La sentinelle répond : *Alerta eston !* Là-dessus, un petit air de guitare. C'est du roman d'aventures !

» Le 7 juillet au matin, la porte de ma cellule s'ouvre poliment. Un monsieur bien habillé se présente. Il a son chapeau à la main et me tend sa carte. Je la prends :

LUIZ ZIGNAGO
Commissaire de police

— Monsieur Dieudonné, me dit-il, M. le ministre de la Justice vous demande à Rio de Janeiro. Il veut vous voir. Le préfet de police m'a désigné pour vous accompagner. C'est un bien beau voyage, et j'en suis tout heureux. Connaissez-vous Rio ? Quelle merveille ! Nous serons deux bons compagnons. Je suis certain que nous ne nous ennuierons pas sur le bateau, ni aux escales. Nous embarquons ce soir sur l'*Itabera*. Vous serez passager, libre, bien entendu, libre comme moi. Savez-vous jouer au bridge ? Avec le commandant et le docteur, nous ferions une table.

» — Le ministre de la Justice veut me voir, moi ?

» — Il le veut, monsieur Dieudonné.

» — Eh bien ! monsieur Londres, cette fois – écoutez-moi avec toute votre attention –, je m'assis sur mon lit et je crus perdre l'entendement...

XVIII
UN FAMEUX VOYAGE

— Il est six heures, le soir du même jour. Je crois

bien que, dans ma cellule, je cours encore après mon entendement !

» Un gardien ouvre la cage. Il me fait signe de prendre mon chapeau, de m'épousseter le mieux que je peux, de m'embellir, quoi !

» Il me manque tout pour reluire. Il le comprend. Je le vois partir dans le couloir et revenir portant deux brosses, l'une à habits, l'autre à souliers. J'astique mes cuirs, je me bichonne. Je suis prêt.

» Allons, dis-je ! Et l'on me conduit à la direction.

» M. Luiz Zignago m'y attend.

» À côté de lui, au port d'armes, le plus magnifique agent de l'État de Para. Il est jeune, grand et beau. Son uniforme est neuf. On ne voit pas de plus bel homme montant la garde à la porte de l'Élysée ! M. Zignago me le présente : « L'agent 29. »

» Les portes de la prison s'ouvrent devant nous trois. Nous sortons.

» – L'*Itabera* ne part qu'à onze heures du soir, dit le commissaire. Je suis venu vous chercher avant ; comme cela, nous pourrons prendre l'apéritif, dîner à l'hôtel et gagner le port en fumant un bon cigare.

» Je dis : « Merci, monsieur le commissaire ! » Que vouliez-vous que je dise ?

» Et nous nous arrêtons place de la République, au café da Paz.

» – Connaissez-vous un homme heureux ? me demande M. Luiz.

» – Je vous remercie, fis-je en souriant, je serais difficile si je me plaignais.

» – Il ne s'agit pas de vous. L'homme heureux, c'est l'agent 29. Regardez-le !

» Il jubilait.

» C'était la récompense de cinq années de bons services. Dans son quartier, on ne voyait jamais traîner les boîtes à ordures. Il n'y avait ni chiens errants, ni batailles. Quant aux dames de nuit, joli garçon comme il était, il les menait d'un seul clin d'œil. Cela le désigna au choix.

» Il n'était jamais sorti de Para ; alors, accomplir un voyage de treize jours, visiter Pernambouc, Bahia, voir Rio, il n'en dormait plus ! Il vivait l'un des plus beaux moments de son existence.

» Soudain, sous le coup du bonheur, l'agent 29 cherche ma main et me la secoue avec une reconnaissance que je n'oublierai jamais ! On trinque, puis on boit. Et l'on va dîner.

– Nous voici à table. Un curieux défilé commence.

» Les gens qui entrent, M. Luiz les connaît. Ce sont des commissaires de police, des agents de la sûreté, des guardas civils. À chacun mon hôte me présente, et c'est, de leur part, d'infinies protestations d'amitié. On trouve toujours des poules qui trouvent un couteau ; il faudrait changer cela et mettre un peu à la mode le forçat qui rencontre la protection de la police. C'est un étonnement d'une bien meilleure qualité.

» – Au Para, vous êtes chez vous, me disent tous ces messieurs.

» Alors, je mets un gros cigare dans mon bec et je laisse courir...

» On se lève tous trois. Il est dix heures. Nous cheminons sans souci vers le port de Para. On y arrive. La prison avait fait porter nos bagages. Je reconnais à la douane ma vieille besace de Guyane. Je me baisse pour la charger ; l'agent 29 se précipite et me la prend des mains. Je regarde partir avec attendrissement, manié non sans respect par le représentant de la loi, le dernier instrument de mon évasion !

» L'*Itabera* est tout illuminé. Je trouve le bateau admirable. Après les pirogues d'Acoupa et de Strong, vous pensez ! Nous gravissons la coupée. Soudain, l'agent 29 opère un redressement prodigieux, M. Luiz s'incline : le préfet de police et ses deux adjoints sont sur le pont qui m'attendent.

— Dites-moi, mon vieux Dieudonné, n'est-ce pas un tout petit peu fort, cette dernière affaire-là ?

Le visage de l'évadé marqua un grand étonnement.

— Ce n'est pas la peine de m'avoir écouté si longtemps, si vous ne me croyez plus. Je ne dis que ce qui s'est passé.

— Le préfet et ses adjoints vous attendent. Après ?

— Ils me serrent la main. Les autres passagers tournent autour de nous. Ah ! c'était curieux à voir, l'embarquement de Dieudonné pour Rio de Janeiro, c'est moi qui vous le dis ! Ce fut un événement. Le préfet de police me demande de ne pas m'évader pendant le voyage. Je lui en donne ma parole. Il ajoute : « Si l'on ne vous extrade pas, revenez au Para, vous serez bien accueilli. » Je l'en remercie. Un journaliste m'offre un cigare, le second préfet me tend une allumette, la famille de l'agent 29, qui l'accompagne jusqu'au bord, vient me serrer la main. Je tends mes mains. Je n'en ai pas assez pour tout le monde. Je sens même que l'on m'embrasse. Je veux me dégager. L'agent 29 me fait comprendre que c'est sa mère ; alors j'offre l'autre joue. La sirène meugle. Les non-voyageurs descendent. Derniers cris. L'*Itabera* s'enfonce dans la nuit amazonienne.

» On vogue. On vogue. Le 9 juillet, c'est Sao Luiz de Maranhâo. Le 11, Fortaleza. Le 12, Aera Branca. Le 13 au soir, une féerie : Pernambouc ! Toute la journée, l'agent 29 a fourbi, astiqué, ciré. Il est prêt, ganté de blanc, revolver au côté, visière sur les yeux. Il attend de pied ferme *ceux de Pernambouc*. Il sautera à la gorge du premier policier qui osera m'appréhender.

» Nous mouillons.

» Une vedette aborde. Elle porte *trente investigadores* de Pernambouc. Ils prennent le bateau d'assaut. Aucun doute : ils vont m'enlever. L'agent 29 se met devant moi. M. Luiz va à la rencontre de la troupe. Je reconnais dans le nombre l'un de ceux venus à Belem pour m'arrêter. L'agent 29 me fait de petits signes qui signifient : « Qu'il approche, et vous allez voir ! »

» Une seconde vedette : trente journalistes. Le plus petit commerce à soutenir la thèse de Pernambouc, et dit que Pernambouc aurait parfaitement le droit de m'arrêter. L'agent 29, champion de Para, fonce sur lui. À minuit, les soixante visiteurs sont redescendus. M. Luiz, l'agent 29 et moi, tous trois installés au bar, nous buvons à notre amitié, et la victoire de Para sur Pernambouc et, comme nous sommes le 14 juillet, à la prise de la Bastille !

» Et c'est le lendemain. Nous descendons à terre.

» Tous les journaux plaident en ma faveur. L'un

d'eux : *A Noticia*, annonce sur un immense placard pendu à son balcon mon arrivée à Recife. L'agent 29 me montre la chose. La foule, journal en main, me reconnaît. On s'écarte pour me laisser passer. Un homme m'offre un portrait de saint Vincent de Paul avec une prière donnant trois cents jours d'indulgences. Le bon Dieu est plus généreux que les hommes : à trois cents jours d'indulgences pour une bonne pensée, notre grâce arriverait vite, au bagne ! Un capucin me serre la main ! Mais l'agent 29 a soif. On va boire. On regagne l'*Itabera*. Départ.

» La mer est mauvaise. L'agent 29 est malade ; il me confie son revolver, sa malle et ses bottes. Nous sommes dix-sept sur le pont ; il n'a foi qu'en moi ! Quand il va mieux et que je vais mal, il garde les affaires.

» – Une orange, agent 29 ?
» – Un verre d'eau glacée, Ougène ?
» Deux vieux et bons copains.

– Bahia ! C'est la nuit. L'agent 29 me dit qu'ici il compte s'amuser. Nous rencontrons un de ses amis de Para. Et nous partons voir les négresses.

» À quatre heures du matin, l'agent 29, debout sur une table, chante un *fado*. Je m'absente un instant. Je reviens. Mon gardien a disparu !

» Et le bateau part à six heures ! Où est passé mon gendarme ?

» Je m'inquiète. J'appelle. Sa voix me répond. Il roucoule dans une chambre au premier étage. J'attends. Cinq heures ! Il est long ! Cinq heures et quart ! Je monte et je frappe. Il m'envoie promener ! Alors, je force la porte. Il ne veut rien savoir, et la négresse se cramponne à un si bel homme. Je le tire par les pieds, je l'aide à s'habiller. Je prends son revolver qu'il oubliait sur la table de nuit. Enfin, il me suit... En dégringolant de la haute dans la basse ville, il me disait : « Pas si vite, Ougène ! »

» Nous n'avons eu que le temps d'attraper l'*Itabera*.

XIX
RIO DE JANEIRO À L'OMBRE

– Le voyage dura treize jours.

» Enfin ce fut Rio. C'était tellement joli que je ne pouvais m'imaginer qu'il eût des prisons dans un endroit pareil !

» La baie.

» L'agent 29 traduit son enthousiasme par des coups de poing que je reçois dans le dos, amicalement.

» Une vedette pique sur l'*Itabera* ; elle amène la police.

» La vedette est pour nous. Nous descendons. M. Luiz me précède. L'agent 29, la main gauche sur l'étui éblouissant de son revolver, me suit pour mieux me protéger. En route !

» Nous atteignons le quai.

» Et allez ! voilà les photographes qui croissent et multiplient. Crac ! Crac !

» On me pousse dans les locaux de la police maritime. Les journalistes m'y attendent.

» Ils me montrent vingt journaux où ma photo s'étale, et sur quatre, sur cinq colonnes : *O caso Dieudonné.* (Le cas Dieudonné.) *Recordacoes da terra dos morts.* (Souvenirs de la terre des morts.) *Dieudonné victima da justicia dos homens. Une caso de erro judiciario, Dieudonné sera innocente.*

» Qu'est-ce qui se passe ? Je me le demande. Je n'ai pas parlé depuis que je suis au Brésil. Je n'ai cherché que silence et oubli, et voilà que je deviens un sujet d'actualité à grosse manchette !

» – *Faz favor !* disent vos confrères en voulant m'entraîner. Ils me crient : « Vous êtes innocent ! »

» – Merci ! messieurs ! merci !

» Tous veulent une déclaration.

» Sans l'agent 29, je n'en sortais pas. Mon brave ami me dégage. Une auto est devant la porte. Elle nous emmène, M. Luiz Zignago, l'ami et moi.

» Nous filons vers le ministère de la Justice.

» Que me veut le ministre ?

» Nous voici devant le bâtiment. Un bel escalier, ma foi ! Un huissier géant. Quel salon !

» Le géant vient nous prendre, il pousse une porte : le ministre est là.

» Il me regarde. Mon commissaire lui conte les détails de l'affaire. Le ministre écoute, prend des notes. Je comprends que M. Zignago plaide ma cause et demande que l'on ne me mette pas en prison. Le ministre lève les bras comme impuissant. Pendant ce temps, debout à côté de moi, l'agent 29 sent toute l'importance de sa mission. Il est sourd de tant de gloire !

» Le ministre me fait un sourire et nous congédie. Nous sommes dehors. L'agent 29 s'éponge.

» – Hélas ! je dois vous conduire à la Centrale. L'ambassade de France a demandé votre extradition.

Le ministre est pris entre l'opinion publique d'ici et des nécessités d'ordre international
 » – Tant pis ! monsieur Luiz.
 » Nous voilà à la Centrale.
 » Mes amis me remettent au chef de la police.
 » Nous avons les larmes aux yeux. L'agent 29 me laisse toutes ses cigarettes. M. Luiz promet de veiller sur moi. On s'embrasse, et c'est l'adieu !
 » Identification. Anthropométrie. Bureaux, escaliers, couloirs. Bureau, bureau, bureau ! Cellule d'attente. Une heure après : panier à salade.
 » Ainsi fais-je ma première grande promenade à travers Rio de Janeiro. Elle aboutit à la casa de Detençâo. Encore !
 » Je monte un escalier de fer. Au premier étage, on m'arrête devant la cellule 41. Quatre et un font cinq ! Mauvais chiffre ! Le cinq m'a toujours été néfaste.
 » La cellule a vingt mètres carrés. Ils sont dix-sept là-dedans, qui me dévisagent. Les riches ont des paillasses et des couvertures. Je fais comme les pauvres ; je sors de grands journaux de ma poche. C'est intéressant, les journaux de quarante pages, quand on est en prison, vous savez !
 – Il y a plus à lire.
 – Ce n'est pas cela. On les étend sur les dalles, c'est épais ; cela vous préserve mieux du froid ! J'arrange mes souliers en traversin. Je me couche.
 » Première nuit !
 » Deux Allemands, trois Espagnols, cinq Portugais, un Polonais, cinq Brésiliens et un Français (moi), telle est la case à mon réveil. J'étais bien abandonné.

» Un des Allemands m'avait prêté la traduction française d'un roman russe. Ce que l'on y mangeait, dans ce livre ! On y mangeait à toutes les pages. « Ah ! me disais-je que ne suis-je là-bas ! »

» Le sixième jour, je vois arriver un monsieur, Me Fessy-Moyse, avocat du consulat français. Il faut vous dire que j'avais écrit à notre ambassade. Dans ma lettre, je disais : « Vous demandez que je me rende aux autorités françaises et vous m'avez fait enfermer dans une prison brésilienne ; comment en sortir pour déférer à votre désir ? De plus, vous devez connaître, monsieur l'ambassadeur, les habitudes pénitentiaires du pays. Ici, le prisonnier se nourrit par ses propres moyens. Personnellement, comme moyens, je n'ai que celui de mourir de faim. »

» Me Fessy-Moyse m'apporte cinquante mil-reis de la part de M. Conty. Il ajoute cinquante mil-reis de sa poche. Il obtient que je sois mis dans une cellule du rez-de-chaussée.

» J'ai de l'argent. J'achète les journaux. Ils sont remplis de mon affaire. Regardez seulement les titres ; vous aurez une idée de ce qui se passait : *Le Brésil a-t-il le droit de livrer Dieudonné ? Nous devons libérer Dieudonné.* La *Gazeta dos Tribunâes* est plus violente. Elle prend officiellement mon parti. L'article est signé J. V. Pareto junior.

» Le soir de ce même jour, à trois heures, deux messieurs se font ouvrir ma cage.

» – Je suis Pareto junior, avocat, dit l'un d'eux. Et voilà M. Beaumont, directeur de la *Gazeta dos Tribunâes.* Nous venons, au nom de la conscience brésilienne, nous constituer vos défenseurs. Je demanderai pour vous *l'habeas corpus* au Suprême Tribunal fédéral !

» J'en pleurai.

» Le lendemain 2 août, deuxième visite. Ma cellule devient un salon, il ne me manque que des chaises et un piano. C'est le consul de France, en personne, M. Henri Brun.

» – Je vous annonce officiellement que le gouvernement français ne demande plus votre extradition.

» Un consul de France dans ma cellule avec une bonne nouvelle à la bouche, voilà de nouveau que le merveilleux entre dans ma vie ! Une heure après :

» – *Vous êtes libre*, vient me dire le directeur de la prison.

» Mon gardien ajoute : « Au revoir, *professor* ! » Je suis devenu professeur !

» Attendez, il y a encore autre chose. Mon compagnon de cellule est superstitieux. « Donne-moi ta ceinture, me dit-il ; avec elle, tu t'es sauvé du naufrage, tu as réussi la deuxième évasion et maintenant tu sors de la *Cadeïa*. Donne-la au frère qui n'a jamais eu de chance. » Je la lui donnai.

» Ceci vous explique pourquoi un quart d'heure plus tard, ahuri, égaré, je me trouvais dans la rue, au milieu d'une capitale inconnue, tenant mon pantalon à deux mains !

XX
LIBRE !

– Il est trois heures, à peu près.

» Cette heure semble être la première de ma vie, de ma deuxième vie...

» Quelque chose en effet, me dit que j'en ai fini avec le bagne, les prisons, les surveillants militaires, les guardas civils et les bat-flanc !

» Je suis libre !

» Libre !

» Le mot magique me remplit le cerveau.

» Mon pantalon tombe. Je ne sais pas où je suis, mais je me sens léger comme une danseuse.

» J'ai la sensation d'avoir déposé un fardeau écrasant.

» Je marche devant moi, sans me demander où je vais. Est-ce moi qui ai fait quinze ans de bagne ? Ce doit être un autre.

» Le malheur passé me semble presque bienfaisant. Si j'avais vécu ma vie normale, je serais blasé. Tout me paraît nouveau, magnifique, enviable. Je suis mort à vingt-six ans ; je viens de renaître. Mon état civil dit que j'ai quarante-trois ans ! Sur le papier peut-être ! pas dans le cœur ! J'ai vingt ans ! L'âge de mon fils. Et j'ai un fils ! J'ai une femme ! Je marche droit ; mais mon esprit titube, je suis grisé de joie.

» Je me dis : « Eh bien ! mon vieux Gégène, tu as fini de souffrir, hein ! » Je ris à la pensée que je n'aurai pas besoin de me pendre !

» Je marche.

» Je ne regrette pas d'avoir donné ma ceinture à un pauvre diable, mais c'est gênant. Je cherche un magasin. Je mets bien une heure à le trouver. J'achète un mètre cinquante de corde et je me ficelle à la taille. En route !

— Soudain, je pense à l'avocat brésilien Pareto junior, qui doit demander l'*habeas corpus*. Je n'en ai plus besoin, je suis dehors ! Il faut que je le prévienne.

» J'ai sa carte. Il habite 68, rua Rosario. Où est-ce ? Je m'informe. C'est dans Rio Branco, me dit-on. J'étais comme un étranger qui, à Paris, chercherait la place de l'Opéra. On me renseigne, en me dévisageant. Mais, aujourd'hui, tout le monde peut me regarder : les chiens, les chevaux, les hommes, la police. J'ai même envie de crier : « Regardez bien, je suis un homme libre ! » Rien ne me faisait plus peur. Si vous m'aviez vu !

» Je vais vite. Je traverse la foule avec volupté. C'est un bain que je n'avais pas pris depuis longtemps ! C'est bon ! Je marche. Je marche. Voilà qui doit être Rio Branco ; c'est large et long ; il y a des autobus. Que c'est beau ! C'est Rio Branco.

» Voilà la Rosario. La rue est étroite, la foule est plus dense. Je n'aurais jamais cru la vie si agréable !

– Numéro 40 ! J'approche, 60 ! 68 ! Une plaque : *J. V. Pareto junior, advogado.*

» Je grimpe l'escalier. C'est à l'entresol. Pas de sonnette, tout est ouvert. J'entre. Trois portes donnent dans l'antichambre. Je mets mon nez à chacune. Dans la dernière pièce, il y a du monde. J'hésite, puis j'avance. Je reconnais l'un des deux messieurs qui sont venus me voir hier dans ma cellule ; M. Beaumont. Il me regarde. Je lui dis : « Je suis Dieudonné. » Il se lève précipitamment. Il fait : « Alors ? Alors ? » Qu'a-t-il ? « Pareto est en train de demander *l'habeas corpus*, et vous voilà ici ? » Je m'excuse. Je m'excuse d'être libre ! M. Beaumont était en bras de chemise ; il empoigne son veston, il m'empoigne. Dans l'escalier, il met sa veste. Nous sommes dans la rue. Nous courons après un taxi, nous le prenons d'assaut. « Supremo Tribunal ! » dit-il. La voiture nous emporte.

» – Comment êtes-vous là ? me demande-t-il.

» Je lui dis que la France renonce à mon extradition et que l'on m'a mis dehors.

» – Depuis quand ?

» – Depuis une heure !

» – Et Pareto qui plaide pour vous !

» Le Supremo Tribunal. On s'y engouffre. M. Beaumont connaît les lieux. Nous nous précipitons dans une salle d'audience. Les juges siègent. Un avocat parle. C'est M. Pareto ; je le reconnais malgré sa robe. Sa voix est forte, chaude, et j'entends qu'il lance Dieudonné !... Dieudonné !...

» M. Beaumont va droit sur lui. Quelques mots. L'avocat se tourne, me voit ; il reste la bouche ouverte. Les juges, le public, tous portent les yeux sur moi.

» M. Pareto reprend haleine et s'adresse aux juges. Il leur raconte l'événement. Il me montre. Les juges rient. Les avocats rient. Le public bat des mains. M. Pareto termine par quatre mots en français ; il s'écrie : « Louons la grande France ! »

» Nous sortons.

» Une heure après, je me retrouve seul.

» Je marche. Je marche. Je me rends compte que je suis perdu, mais je suis si content d'être perdu ! J'entends sonner dix heures du soir. Cela fait quatre heures que je marche. Je ne me sens pas fatigué. J'oublie de manger. En prison, j'aurais certainement eu faim ! La liberté nourrit peut-être ?

» Je reviens dans Rio Branco. Alors, je vois des cinémas avec leur façade en folie. *De mon temps*, les hommes, les femmes, les enfants seuls se déguisaient. Les maisons se travestissent, maintenant ? Que les places devaient coûter cher dans de si belles maisons ! Soudain l'on m'arrête.

— Comment ? On vous arrête encore ?

— Attendez ! Ce ne sont pas des *investigadores*, mais des jeunes filles qui quêtent pour la Croix-Rouge. Je n'ai pas l'habitude d'être arrêté par de si jolies mains ! L'une épingle un trèfle à mon revers. Non seulement je suis libre, mais j'ai l'air d'un homme libre, puisque de vraies jeunes filles n'ont plus peur de moi !

» Et les haut-parleurs ? Ce sont des instruments...

— Je sais, je sais.

— Moi, j'ignorais. On ne nous fait pas défiler les inventions nouvelles au bagne, vous savez ! Je suis resté une heure devant celui de l'*Imperio*.

» Après, je suis reparti me promener. C'est si bon de marcher dans une ville où il y a du bruit, des lumières, des tramways, des autos qui manquent de vous écraser ! J'étais affolé, je me garais maladroitement. C'était délicieux. J'arrive comme ça devant un grand jardin que clôturent des grilles : le jardin de la République. Je m'avance vers les barreaux et je leur parle : « Bonjour, vieilles connaissances, vous allez toujours bien ? » Et, regardant les arbres qui sont « enfermés », je leur dis : « Pauvres vieux ! »

» Il était deux heures de la nuit. Je me promenais toujours.

» Tout de même, il faut se coucher. Je commence à lorgner les hôtels. Dans mon esprit, je pense que cela me coûtera dans les trois francs, un mil-reis ! Je frappe à l'un qui me paraît être de cette classe.

» – Huit mil-reis, répond-on.

» Je fais le calcul : vingt-six francs ! Je crois que l'hôtelier est fou et je m'en vais.

» Je ne suis pas sans argent. Mais vingt-six francs rien que pour dormir ?

» Je me promène toujours aussi joyeux.

» À trois heures du matin, j'arpente l'avenue Men de Sa.

– Alors, vous n'avez pas mangé de toute cette journée ?

– Je pensais bien à ça ! Mais je me dis : tu dois te coucher. Il ne faut pas qu'on t'arrête comme rôdeur de nuit.

» Au numéro 109, je vois : « Hôtel Nice ». C'était déjà un peu de la France. L'hôtel me plut. Je sonnai :

» – Sept mil-reis !

» Bah ! voilà seize ans que tu n'as pas couché dans des draps ; tu peux bien t'offrir ce luxe pour le plus beau jour de ta vie.

» Et je montai.

» Voilà ma chambre. Je tourne le bouton électrique. Une glace au mur, un grand miroir où l'on se voit tout entier ! Vous pensez si je me contemple. Depuis longtemps je n'avais regardé comment j'étais fait. Un lit avec *deux* draps ! Et le matin, une petite femme de chambre qui m'apporte un café avec un croissant. Un croissant ! Oui, monsieur !

» Eh bien ! cela, vous pouvez me croire, c'est ce que l'on appelle retrouver la vie.

XXI
C'EST À CE MOMENT...

C'est à ce moment où Dieudonné retrouvait la vie, que, moi, je retrouvais Dieudonné.

— Est-ce vrai, vous venez me chercher ? Je vais voir la France ?

Justement, nous passions devant la compagnie des Chargeurs Réunis. Alors, naïvement, comme si nous allions repartir sur-le-champ :

— Tenez, c'est là. Débarquerons-nous au Havre ou à Marseille ?

— Vous avez attendu quinze ans ; peut-être patienterez-vous encore quelques jours ! Écoutez d'abord ce que j'ai à vous dire. Votre grâce est décidée, paraît-il, mais elle n'est pas signée ; toutefois, Moro-Giafferi a reçu du Gouvernement les assurances les plus nettes à ce sujet. De plus, l'opinion publique étant avertie, je crois pouvoir prendre sur moi d'organiser votre retour. Sommes-nous d'accord ?

— Savez-vous ce que je ne voudrais pas ? Débarquer en France entre deux gendarmes. Mon fils ne m'a jamais vu à l'état de prisonnier. Il est venu dans ma prison, mais il était petit et ne comprenait pas. Il me disait : « Pourquoi ne rentres-tu pas avec nous à la maison ? C'est-y que tu es malade ? »

— Mon ami, lui dis-je, on va tenter la chance.

Au début, notre affaire se présenta bien. Le consulat français m'avait promis de délivrer un passeport à mon client.

Nous étions tranquilles et même joyeux. Nous allions déjeuner avec appétit. Nous visitions le jardin botanique, nous gravissions le Corcovado. On nous vit plusieurs fois à Tijuca. Comme si cela ne coûtait rien, nous nous offrîmes une belle petite promenade jusqu'à Petropolis. Ne nous doutant pas du changement de temps qui se préparait au-dessus de nos têtes, nous prenions la vie par ses meilleurs côtés. Un homme, après quinze ans de bagne, a besoin de ressusciter ; j'aidais à ce miracle.

Un après-midi, vers trois heures, il commença de pleuvoir sur notre bonne humeur. Nous avions gravi l'échelle, je veux dire l'escalier qui conduit au consulat de France. L'heure était venue de retirer le passeport. J'apprêtais mon plus beau sourire en l'honneur du consul, quand l'éminent fonctionnaire, m'ayant fait entrer dans son bureau, me déclara ne plus pouvoir délivrer de passeport à Dieudonné. Dieudonné attendait dans l'anti-chambre. Je fis remarquer que c'était revenir sur une décision. Le consul me dit que, réflexion faite, il ne pouvait se charger de pareille responsabilité.

Cependant, il ajouta que, pour me faire plaisir, il allait me proposer une solution. Je m'assis donc. Il ne donnerait pas de passeport mais un sauf-conduit. L'homme signerait une formule où il reconnaîtrait se remettre entre les mains de la justice française. Alors, le consul le ferait monter à bord comme passager signalé. De plus, il télégraphierait à la police du port de débarquement pour qu'elle vînt chercher mon forçat à l'arrivée.

Il était indispensable de faire à ce moment deux déclarations. La première, c'était que, n'ayant jamais eu l'idée de ramener Dieudonné clandestinement, la surveillance ne me gênait pas. La deuxième fut pour remarquer qu'en toute saine justice le moyen proposé ne convenait pas à l'homme à qui le gouvernement *désirait* remettre une peine appliquée, quinze années auparavant, par erreur.

Cela posé, je priai le consul d'appeler Dieudonné. Dieudonné entra. Je lui dis que notre hôte refusait de lui délivrer un passeport.

« Ah ! » fit-il.

Et sa figure se figea.

J'ajoutai qu'il nous proposait une combinaison. Quand Dieudonné eut accepté l'offre :

« J'accepte, dit-il ; je n'ai jamais fui la justice française ; je suis prêt à tout ce que vous voudrez. »

Il était préférable de ne pas traiter à chaud ; j'emmenai mon évadé.

Pourquoi les autorités françaises du Brésil avaient-elles changé d'avis ? À cause du bruit que cette affaire faisait à Rio. Les préfets de police des divers États continuaient d'expédier à Dieudonné des lettres amicales et protectrices, et les journaux, prenant acte du geste du *Petit Parisien* de ramener Dieudonné, écrivaient : « C'est un homme libre que la presse brésilienne remet aux mains de la presse française », et ils invoquaient l'esprit de justice de « la France immortelle ». Ils parlaient de la Révolution de 89. Ils rappelaient l'affaire Dreyfus. C'était un beau tapage ! Une ambassade, un consulat n'osaient plus décider par eux-mêmes. Ils avaient demandé les ordres au Quai d'Orsay : les ordres n'arrivaient pas.

— Nous allons nous passer du consul, dis-je, et revenir par Hambourg sur un bateau allemand.

— Par Hambourg ? Jamais de la vie !

— Alors, voulez-vous par Gênes ?
— Ni par Gênes. Je ne veux pas me cacher. Je veux débarquer en France, et rien que là !
— Mais, mon cher, avec le papier du consul et le vapeur français, si nous tombons sur un commandant timide, il vous boucle pendant toute la traversée.
— Eh ! cela n'empêchera pas que je sois innocent !

Alors, nous nous promenâmes dans Rio de Janeiro... assez longtemps.

Un soir, il m'arrêta place Floriano, parce qu'au quatrième étage une bande lumineuse déroulait les nouvelles du vaste monde.

— Continuons notre chemin, cela n'est pas passionnant.

Il restait immobile, le nez en l'air.

— Qu'attendez-vous ? L'annonce de votre grâce ?
— Pas même, mais il faut voir les dépêches de Paris, il y en a.

Les dépêches de Paris vinrent à leur tour. Elles ne valaient pas que l'on s'arrêtât. Je le lui dis.

— Pour vous, c'est possible, mais c'est un plaisir pour moi. Rien que de lire le mot Paris et le mot Havas, je me sens transporté au pays ; c'est comme ça pour nous autres !

Enfin, le Quai d'Orsay répondit. Il donnait l'ordre au consulat de délivrer un passeport à Dieudonné.

— Cette fois, nous partons.
— Cela vaut mieux. Tant pis si l'on m'enferme à bord.

– Mais non. Nous partons bras dessus bras dessous. Le ministère a répondu. Vous avez le passeport.

Il pleura.

Le lendemain, à neuf heures du matin, on frappa chez moi.

– C'est Eugène ! entendis-je.

J'ouvris. Il portait une valise. Un homme qui possède un passeport doit avoir une valise.

– Je l'ai payée trente-cinq mil-reis.

Il ajouta :

– Une valise, on disait que c'est la liberté qu'on a dans la main.

J'examinai l'objet.

– C'est une saleté. Elle ne supportera qu'un voyage, encore tout juste.

– Une saleté ? Une valise d'homme libre ? Voilà quinze ans que je rêve à cet objet. Une saleté ?

Mais c'est l'après-midi qu'eut lieu une séance solennelle. Nous avons d'abord gravi les marches du consulat, comme deux personnes désormais en règle avec les lois de la société. Puis, après avoir salué la blonde jeune fille qui se tient derrière le guichet, nous avons dit :

– Nous venons faire établir le passeport.

Ayant remis deux photos, la demoiselle en colla une sur la pièce désirée ; ensuite, elle écrivit : « Cheveux bruns, nez moyen », etc.

– Quel âge ?
– Quarante-trois ans.
– La profession ?
– Ébéniste.

— Où vous rendez-vous ?
— Eh ! comme si vous ne le saviez pas... En France, pardi !

Nous passâmes dans le bureau consulaire. Le consul présenta son propre porte-plume à Dieudonné. Dieudonné se plaça bien en face du fameux document, releva sa manche droite et, hardi ! il griffa sa photo d'un paraphe nerveux.

— Maintenant, filons, lui dis-je.

Dans la rue, il me demanda de lui montrer mon passeport. Il le compara au sien.

— Ils sont tout à fait les mêmes, dit-il ingénument.

— Le vôtre est plus beau. Il a d'abord été établi sans frais. Puis regardez cela : « Délivré par autorisation télégraphique du ministère des Affaires étrangères. »

— Alors, c'est la grâce ?
— Je le crois.

Le soir, il était minuit quand l'ex-forçat me quitta pour regagner le quartier de la Lappe. De ma fenêtre de Santa Théréza, je le regardais descendre la rue Candido-Mendès. Il s'arrêta auprès d'un bec de gaz, tira un carnet de sa poche ; il se mit à le lire, à le tourner en tous sens, puis il le contempla : c'était son passeport !

Collection "Arléa-Poche"

1. Tahar Ben Jelloun, *Éloge de l'amitié*
2. Paul Morand, *Éloge du repos*
3. Albert Londres, *Les Forçats de la route*
4. Jerome K. Jerome, *Pensées paresseuses d'un paresseux*
5. Fruttero & Lucentini, *La Signification de l'existence*
6. Jean-Claude Guillebaud, *Le Voyage à Keren*
7. Pierre Veilletet, *La Pension des Nonnes*
8. René Girard, *Quand ces choses commenceront...*
9. Edmond Haraucourt, *Daâh, le premier homme*
10. Honoré de Balzac, *Petites Misères de la vie conjugale*
11. Henri Guillemin, *Silence aux pauvres !*
12. Albert Londres, *Dans la Russie des soviets*
13. J.M.G. Le Clézio, *Ailleurs*
14. Jerome K. Jerome, *Trois Hommes sur un vélo*
15. Pierre Veilletet, *Le Vin, leçon de choses*
16. Albert Memmi, *Bonheurs*
17. Sami Naïr, *Contre les lois Pasqua*
18. Albert Londres, *Au bagne*
19. Arthur Rimbaud, *Une saison en enfer*
20. Arthur Rimbaud, *Illuminations*
HC. Marquis de Sade, *Idée sur les romans*
21. Jean Lacouture, *Mes héros et nos monstres*
22. Jean Daniel, *Voyage au bout de la nation*
23. Robert Guillain, *Les Geishas*
24. Gisèle d'Estoc, *Cahier d'amour*
25. Denis Tillinac, *Le Bar des Palmistes*
26. André Fraigneau, *Les Enfants de Venise*
27. Jerome K. Jerome, *Journal d'un touriste*
28. Tristan Bernard, *Sous toutes réserves*
29. Alphonse Allais, *Le Parapluie de l'escouade*
30. Jean Daniel, *Dieu est-il fanatique ?*
31. Albert Londres, *Le Juif errant est arrivé*
32. Albert Londres, *Dante n'avait rien vu*
33. Henri Guillemin, *Une certaine espérance*
34. Albert Londres, *Terre d'Ébène*
35. Albert Memmi, *L'Exercice du bonheur*
36. Albert Londres, *Contre le bourrage de crâne*
37. Honoré de Balzac, *Traité de la vie élégante*
38. Dominique Noguez, *La Colonisation douce*
39. Honoré de Balzac, *Les Journalistes*
40. Joseph Delteil, *La Cuisine paléolithique*
41. Pierre Veilletet, *Mots et merveilles*
42. Jerome K. Jerome, *Arrière-Pensées d'un paresseux*

43. Gunnar Gunnarsson, *Le Berger de l'Avent*
44. Tzvetan Todorov, *Les Abus de la mémoire*
45. Cami, *Pour lire sous la douche*
46. t'Serstevens, *Les Corsaires du roi*
47. Franco Ferrucci, *Lettre à un adolescent sur le bonheur*
48. Albert Londres, *Pêcheurs de perles*
49. Albert Londres, *Le Chemin de Buenos-Aires*
50. Jules Barbey d'Aurevilly, *Le Dessous de cartes d'une partie de whist*
51. Jean-Philippe Arrou-Vignod, *L'Afrique intérieure*
52. Albert Londres, *L'homme qui s'évada*
53. David Livingstone, *Dernier Journal*
54. Prosper Mérimée, *Lettres libres à Stendhal*
55. Albert Londres, *Marseille, porte du Sud*
56. Albert Londres, *Chez les fous*
57. Pierre Veilletet, *Bords d'eaux*
58. Jacques Ellul, *Ce Dieu injuste ?*
59. Albert Londres, *La Chine en folie*
60. Albert Londres, *Les Comitadjis*
61. Pier Paolo Pasolini, *Qui je suis*
62. Albert Memmi, *Ah, quel bonheur !*
63. Michel Boujut, *Le Jeune Homme en colère*
64. Paul Morand, *Mes débuts*
65. Pascal Bruckner, *Le Vertige de Babel*
66. Germaine Tillion, *La Traversée du mal*
67. Arthur Rimbaud, *Poésies*
68. Alain Etchegoyen, *Éloge de la féminité*
69. Raymond Jean, *Vie de Paul Cézanne*
71. Serge Halimi, *Quand la gauche essayait*
72. Olivier Boura, *Marseille ou la mauvaise réputation*
73. François Thual, *Géopolitique du chiisme*
74. Jacques Berque, *Il reste un avenir*
75. Jean-Claude Guillebaud, *L'Esprit du lieu*
76. Edgar Morin, *Pour une politique de civilisation*
77. Alain Golomb, *Profs et Cie*
78. Raymond Jean, *Tutoiements*
79. Patrice Louis, *C'est beau, mais c'est faux*
80. Hervé Laroche, *Dictionnaire des clichés littéraires*
81. Albert Memmi, *Le Nomade immobile*
82. Roger Nimier, *Variétés*
83. Olivier Boura, *Les Atlantides, généalogie d'un mythe*
84. Robert Guillain, *Aventure Japon*
85. Takeshi Kitano, *Rencontres du septième art*
86. Matias Aires, *Lettre sur le bonheur*
87. Père Olivier-Marie, *Curé de campagne*
88. Léon Blum, *Le dernier mois*

89. Pier Paolo Pasolini, *La Longue Route de sable*
90. Effe Géache, *Nuit d'orgie à Saint-Pierre Martinique*
91. Denis Huisman, Louis Monier, *Visages de la philosophie*
92. Patrice Louis, *Du bruit dans Landerneau*
93. Jean-Philippe Arrou-Vignod, *Être heureux*
94. Natalie Angier, *Éloge de la bête*
95. Henri Brunel, *Éloge de l'oiseau*
96. Oscar Wilde, *L'Âme humaine*
97. Patrice Louis, *Toutes les Suédoises s'appellent Ingrid*
98. Edgar Morin, *Itinérances*
99. Jean-Claude Mourlevat, *Je voudrais rentrer à la maison*
100. Henri Brunel, *Printemps Été (L'Année zen)*
101. Mark Twain, *Écrits secrets*
102. Pierre Lévy, *Le Feu libérateur*
103. Albert Simonin, *Le Savoir-Vivre chez les truands*
104. Albert Simonin, *Lettre ouverte aux voyous*
105. Henri Brunel, *Automne Hiver (L'Année zen)*
106. Alfred Jarry, *Gestes et opinions du docteur Faustroll*
107. Pierre Vidal-Naquet, *Le Choix de l'histoire*
108. George Steiner, *Le Silence des livres*
109. Gustave Flaubert, *Voyages*
110. Philippe Jaccottet, *De la poésie*
111. Alexandre Vialatte & Honoré, *Bestiaire*
112. Béatrix Beck, *L'Enfant Chat*
113. Abbé Grégoire, *De la traite et de l'esclavage des Noirs*
114. Patrice Louis, *Conversation avec Aimé Césaire*
115. Paul Léautaud, *Le Petit Ouvrage inachevé*
116. Pier Paolo Pasolini, *Médée*
117. Alberto Moravia, *Promenades africaines*
118. Pierre Charras, *La Crise de foi(e)*
119. Rabindranath Tagore, *Histoires de fantômes indiens*
120. Arthur Rimbaud, *Poésies* (édition mise à jour)
121. Oscar Wilde, *Aphorismes*
122. Alberto Moravia, *Une certaine idée de l'Inde*
123. Régis Debray, *Sur la mort d'Albert Londres*
124. Albert Londres, *Marseille, porte du Sud*
125. Albert Londres, *Au bagne*
126. Albert Londres, *Terre d'ébène*
127. Albert Londres, *Contre le bourrage de crâne*
128. Albert Londres, *Les Forçats de la route*
129. Marie Sizun, *Le Père de la petite*
130. Albert Londres, *La Guerre à Shanghai*
131. Michel Pastoureau, *Les Animaux célèbres*
132. Gilles Brochard, *Le Thé dans l'encrier*

ACHEVÉ D'IMPRIMER
EN NOVEMBRE 2013
SUR LES PRESSES DE
CORLET IMPRIMEUR
À CONDÉ-SUR-NOIREAU
CALVADOS

Numéro d'édition : 832
Numéro d'impression : 159818
Dépôt légal : octobre 2008
Imprimé en France